2274.
F.

ESPRIT
DES PHILOSOPHES
ET
ECRIVAINS CÉLEBRES
DE CE SIECLE.

Par M. De Gorticourt, Conseiller de la Cour des Monnes

A PARIS,

Chez P. Fr. GUEFFIER, Libraire, au bas de la rue de la Harpe, à la Liberté.

M. DCC. LXII.

Avec Approbation, & Privilége du Roi.

AVERTISSEMENT.

L'HOMMAGE que nous rendons aux Anciens, ne doit pas nous rendre injuste à l'égard des Modernes. Si l'on peut puiser dans les premiers d'excellentes leçons de morale, on en trouve aussi dans les seconds. Ce siecle, qu'on appelle avec raison *le siécle de la Philosophie*, ne le céde en rien aux plus célébres de l'antiquité; & cependant, par une inconséquence dont on ne conçoit pas le principe, il est comme passé en mode d'en faire continuellement la *Critique*.

Nous nous faisons gloire des grands Hommes que notre Nation a produits dans ce siécle, tandis que nous nous efforçons de les déprécier, tant en critiquant leurs Ouvrages, qu'en faisant la satyre de leur personne. Combien de défauts imaginaires ou supposés ne leur prête-t-on pas ? Ne va-t-on pas même quelquefois jusqu'à les accuser d'être sans principes, d'avoir une morale dangereuse, & d'être mauvais citoyens ?

C'est leur justification que je présente au Public, lorsque je lui offre l'extrait de leurs Ouvrages. Cet extrait fidele sera en même tems la conviction de l'injustice qui leur est faite, & un excellent recueil de morale &

de Philosophie. Je ne me bornerai pas aux écrits des Gens de Lettres & des Philosophes: je prendrai dans les Ouvrages des Savans les plus profonds, ce que j'y trouverai de plus propre à l'*instruction* du cœur; & c'est ainsi que je rendrai utiles au commun des hommes, les productions de ces Génies sublimes, qui, livrés à l'étude des Sciences exactes, semblent n'avoir travaillé que pour éclairer l'esprit.

J'ai souvent trouvé en lisant un traité de Physique & de Mathématiques, d'excellentes regles de conduite, qui, laissées à la place où leur Auteur les avoit placées, ne pouvoient tourner au profit que d'un petit nombre de Lecteurs.

Si je commence aujourd'hui mon entreprise par un extrait des Ouvrages de M. d'Alembert, c'est que sans vouloir m'arroger le droit de distribuer les places, je crois pouvoir assigner à cet Auteur estimable la premiere parmi les Philosophes de nos jours, non-seulement de ma Nation, mais de toutes celles de l'Europe. Je suis même porté à croire que ce jugement sera généralement confirmé. Je suis, je l'avoue, dans le cas de ceux qui ne le connoissent que par ses Ouvrages ; mais ses amis,

AVERTISSEMENT.

ainsi que l'Europe entiere, font l'éloge de son cœur & de ses mœurs, & rendent également justice à ses talens. Si le Public agrée cet essai, je continuerai mon travail; & sans m'arrêter à la nature des productions, je prendrai dans les Auteurs vivans tout ce que je croirai dans le cas de pouvoir instruire sans ennuyer, d'occuper sans fatiguer, & de mener à la vertu sans un trop grand travail & une étude trop pénible.

Nous avons déja dans ce genre des extraits de plusieurs de nos plus célebres Auteurs. On en a donné des Ouvrages de M. de Voltaire, de M. Rousseau de

Geneve, &c. Le Public les a accueillis; & le succès qu'ont eu ces compilations, m'empêcheront de faire entrer dans mon plan les Œuvres de ces grands Hommes.

LE GÉNIE
DE
M. D'ALEMBERT.

De la Religion, des Théologiens &
des Prêtres.

Dans une République libre, le bras séculier ne sert pas l'empressement des Controversistes avec tout le zèle qu'ils ont coutume de desirer, & avec la docilité qu'ils ont le bonheur ou le malheur de rencontrer dans les climats méridionaux.

Les Magistrats sont souvent plus éclairés qu'un Théologien dans sa

A v

propre cause, sur-tout lorsqu'ils sont assez équitables pour y démêler les intérêts de Dieu, d'avec ceux des passions humaines.

Les Fanatiques joueront toujours un grand rôle dans l'histoire de l'esprit humain, par le mal qu'ils ont cherché à lui faire.

Socrate, Descartes, Bernoulli & tous autres grands génies, contents de posséder la vérité pour eux-mêmes, ne troubloient point l'Etat pour l'y faire entrer, & méritoient au moins qu'on les en laissât jouir.

A quoi ne doit-on pas s'attendre, quand on ne veut épouser ni les passions, ni les préjugés des hommes? La contradiction les choque moins que l'indifférence : bientôt on se voit en butte aux traits des partis les plus contraires, des sectes les plus divisées pour les questions les plus obscures. Ce font des peuples ennemis, animés les uns contre les autres par une guerre très-vive, qui se réunissent quelques instans pour exterminer un étranger, spectateur tranquille de leurs combats.

Rien ne doit étonner, quand on songe qu'une partie de la terre a été bouleversée, & que le système de l'Europe a changé de face, parce qu'un Moine a été préféré à un autre pour prêcher les indulgences.

La liste des grands hommes qui ont regardé la Religion comme l'ouvrage de Dieu, est bien capable d'ébranler, même avant l'examen, les meilleurs esprits; elle est au moins suffisante, pour imposer silence à une foule de conjurés, ennemis impuissans de quelques vérités nécessaires aux hommes, que Pascal a défendues, que Newton croyoit, & que Descartes a respectées.

La multiplication excessive des monasteres enleve des sujets à l'état, sans donner à Dieu des adorateurs.

Les disputes de Religion sont toujours violentes & souvent funestes.

On peut nuire à la Religion auprès des simples, en répandant mal-à-propos sur des génies du premier ordre, le soupçon d'incrédulité.

Dans le siécle où nous vivons, beaucoup de science & de logique n'est pas nécessaire pour prouver que le Souverain Pontife peut se tromper comme un autre homme ; que le chef d'une Religion de paix & d'humilité, ne peut dispenser ni les peuples de ce qu'ils doivent à leurs Rois, ni les Rois de ce qu'ils doivent à leurs peuples ; que tout usage qui va au détriment de l'Etat est injuste, quoique toléré, ou même revêtu d'une autorité apparente ; que le pouvoir des Souverains eſt indépendant des Paſteurs, que les Eccléſiaſtiques enfin doivent donner l'exemple aux autres citoyens de la ſoumiſſion aux loix.

Malgré la malignité du Public, il eſt aujourd'hui trop éclairé ſur la Religion, pour faire ſervir d'argument contr'elle, les ſcandales donnés par quelques chefs de l'Egliſe. L'indifférence même, avec laquelle on recevroit parmi nous une ſatyre contre des Papes, eſt une ſuite heureuſe & néceſſaire des progrès de la Philoſophie dans ce ſiécle.

Quand une fauſſe religion, ou quelque ſecte que ce puiſſe être, vante les prodiges opérés en ſa faveur, & qu'on ne peut expliquer ces prodiges, il n'y a qu'un parti à prendre, celui de nier les faits.

Rien n'eſt plus propre à avilir la

Religion, (si quelque chose peut l'avilir); rien n'est du moins plus nuisible auprès des peuples à une cause si respectable, que de la défendre par des preuves foibles ou absurdes: c'est *Osa* qui croit que l'arche chancelle, & qui ose y porter la main.

Les faits miraculeux, ou plutôt qu'on veut donner pour tels, diminuent dans une fausse Religion; ou à mesure qu'elle s'établit, parce qu'elle n'en a plus besoin; ou à mesure qu'elle s'affoiblit, parce qu'ils n'obtiennent plus de croyance.

Le zèle aveuglé par l'ignorance, est ingénieux à se former des sujets de scandale, & à se tourmenter lui-même & les autres.

L'injustice des hommes est si incroyable, que de la haine des Ministres à celle du culte qu'ils prêchent, il n'y a qu'un pas ; commence-t-on à se détacher d'eux, celui qui étoit respectable devient indifférent; abusent-ils de leur pouvoir, ce qui n'étoit qu'indifférence cesse de l'être. Cette logique n'est sans doute ni solide, ni équitable ; mais c'est celle des passions : il faut la ménager, comme on fait un malade ; & le plus sûr moyen d'apprendre aux hommes à être justes, c'est de commencer par l'être à leur égard.

On embrasse souvent une Religion vraie par des motifs humains.

Il est bien rare d'embrasser par conviction une Religion dont les principes n'ont pas été gravés en nous dès l'enfance. L'intérêt est si souvent le motif d'un tel changement, que les honnêtes gens refusent presque toujours leur estime à ceux mêmes qui abjurent une Religion fausse, pour peu qu'ils soient soupçonnés d'avoir eu d'autres vues dans ce changement que l'amour de la vérité.

Les réformés qui reprochent tant l'intolérance à l'Eglise Romaine, ne haïssent la persécution que quand elle les regarde, & nullement quand ils l'exercent.

Il est un zèle aveugle & barbare, qui cherche l'impiété où elle n'est pas ; & qui moins ami de la Religion, qu'ennemi des Sciences & des Lettres, outrage & noircit des hommes irréprochables dans leur conduite & dans leurs écrits.

La superstition naît de l'ignorance, & la reproduit à son tour.

Quelque absurde qu'une Religion puisse être, (reproche que l'impiété seule peut faire à la nôtre), ce ne sont jamais les Philosophes qui la détruisent; lors même qu'ils enseignent la vérité, ils se contentent de la montrer sans forcer personne à la connoître; un tel pouvoir n'appartient qu'à l'Être suprême; ce sont les hommes inspirés qui éclairent le peuple & les enthousiastes qui l'égarent. Le frein qu'on est obligé de mettre à la licence de ces derniers, ne doit pas nuire à la liberté si nécessaire à la vraie philosophie, & dont la Religion peut tirer les plus grands avantages.

Si le christianisme ajoute à la philosophie les lumieres qui lui manquent; s'il n'appartient qu'à la grace de soumettre les incrédules, c'est à la philosophie qu'il est réservé de les réduire au silence.

Le desir de n'avoir plus de frein dans les passions, la vanité de ne pas penser comme la multitude, ont bien fait plus d'incrédules que l'illusion des sophismes, si néanmoins on doit appeler incrédule ce grand nombre d'impies qui ne veulent que le paroître ; & qui, selon l'expression de Montaigne, *tâchent d'être pires qu'ils ne peuvent.*

Rien n'a été plus commun dans tous les siécles que l'accusation d'irréligion inventée contre les sages, par ceux qui ne le sont pas.

Quand je leve les yeux vers le Ciel, dit l'impie, *j'y crois voir des traces de la Divinité ; mais quand je regarde autour de moi....* Regardez au-dedans de vous, peut-on lui répondre, & malheur à vous, si cette preuve ne vous suffit pas. Il ne faut en effet que descendre au fond de nous-mêmes, pour reconnoître en nous l'ouvrage d'une intelligence souveraine qui nous la conserve. Cette existence est un prodige qui ne nous frappe pas assez, parcequ'il est continuel :

il nous retrace néanmoins à chaque instant une puissance suprême, de laquelle nous dépendons; mais plus l'empreinte de son action est sensible en nous & dans ce qui nous environne, plus nous sommes inexcusables de la chercher dans des objets minutieux & frivoles.

Dans toutes les Religions, & dans tous les tems, le fanatisme ne s'est piqué ni d'équité, ni de justesse; il a donné à ceux qu'il vouloit perdre, non pas les noms qu'ils méritoient, mais ceux qui pouvoient leur nuire le plus.

Croit-on que les disputes scandaleuses des Théologiens de nos jours, sur des matieres souvent futiles & toujours inintelligibles, n'ayent pas fait plus de tort au christianisme, que tous les foibles raisonnements des impies.

Il y a de la démence à combattre la Religion d'un pays si elle est vraie, & bien peu de mérite si elle est fausse.

Rien ne nuit plus à la Religion, que de la mêler dans des questions qui n'y ont aucun rapport.

DE DIEU, ET DE L'AME.

Notre ame n'est ni matiere ni étendue, & cependant est quelque chose, quoiqu'un préjugé grossier, fortifié par l'habitude, nous porte à juger que ce qui n'est point matiere n'est rien.

L'ame est unie au corps d'une maniere tout-à-fait inconnue pour nous, & que la ténébreuse métaphysique des écoles a tenté d'expliquer en vain.

Le seul Etre incréé est immortel par essence. Notre ame ne l'est que par la volonté de cet Etre, qui a jugé à propos de lui donner une exiſtence éternelle, & dont elle reçoit à chaque inſtant cette exiſtence par une création *continuée*. Ce n'eſt pas par la diſſolution des parties, comme les corps, que notre ame peut ceſſer d'être; c'eſt en retombant dans le néant d'où l'auteur de la nature l'a fait ſortir, & où il pourroit à chaque inſtant la replonger.

La nature de l'Etre Suprême nous eſt trop cachée, pour que nous puiſſions connoître directement ce qui eſt ou n'eſt pas conforme aux vues de la ſageſſe : nous pouvons ſeulement entrevoir les effets de cette ſageſſe dans l'obſervation des loix de la nature, lorsque le raiſonnement mathématique nous aura fait voir la ſimplicité de ces loix, & que l'expérience nous en aura montré les applications & l'étendue.

La question du siége de l'ame est une chimere de la philosophie ancienne & moderne. Car puisque l'on convient que la faculté de sentir appartient à l'ame ; & puisque cette faculté est mise en action par toutes les parties de notre corps, pourquoi vouloir placer l'ame dans une partie plutôt que dans une autre ; elle est par-tout & nulle part.

De l'influence réciproque du corps & de l'ame, on doit conclure que la devise d'usage en général doit être : *veille sur ton corps* : c'étoit la maxime de Descartes, & il la mettoit en pratique. Jamais de veilles, jamais d'excès d'aucune espece, jamais en un mot de privation volontaire de ce qui pouvoit améliorer son existence physique, ni d'usage immodéré de ce qui pouvoit la lui rendre agréable.

DE LA NATURE.

LA Nature est une machine immense, dont les ressorts principaux nous sont cachés; nous ne voyons même cette machine qu'à travers un voile qui nous dérobe le jeu des parties les plus délicates. Entre les parties plus frappantes, ou si l'on veut plus grossieres, que ce voile nous permet d'entrevoir & de découvrir, il en est plusieurs qu'un même ressort met en mouvement; & c'est là sur tout ce que nous devons chercher à démêler. Condamnés comme nous le sommes à ignorer l'essence & la contexture intérieure des corps, la seule ressource qui reste à notre sagacité, est de tâcher au moins de saisir dans chaque matiere l'analogie des phénomenes, & de les rappeller tous à un petit nombre de faits primitifs & fondamentaux.

L'étude de la nature semble faite pour flatter & pour humilier à la fois la vanité humaine.

Tout est lié si intimement dans la nature, qu'une simple collection de faits, bien riche & bien variée avanceroit prodigieusement nos connoissances; & s'il étoit possible de rendre cette collection complette, ce seroit peut-être le seul travail auquel le physicien dût se borner.

L'étude de la nature semble être par elle-même froide & tranquille, parce que la satisfaction qu'elle procure, est un sentiment uniforme, continu & sans secousses, & que les plaisirs vifs doivent être séparés par des intervalles, & marqués par des accès. DE L'HOMME,

De l'Homme.

L'Homme jetté au hazard sur la terre, ignore les malheurs, les passions & les dangers qui l'attendent : il n'acquiert l'expérience que par ses fautes, & meurt sans avoir eu le tems d'en profiter.

La nature de l'homme, dont l'étude est si nécessaire, est un mystère impénétrable à l'homme même, quand il n'est éclairé que par la raison seule ; & les plus grands génies, à force de réflexions sur une matiere si importante, ne parviennent que trop souvent à en sçavoir un peu moins que le reste des hommes.

Tel est le malheur de la condition humaine, que la douleur est en nous le sentiment le plus vif ; le plaisir nous touche moins qu'elle, & ne suffit presque jamais pour nous en consoler. Envain quelques philosophes soutenoient, en retenant leurs cris au milieu des souffrances, que la douleur n'étoit pas un mal. Envain quelques autres plaçoient le bonheur suprême dans la volupté à laquelle ils ne laissoient pas de se refuser par la crainte de ces suites : tous auroient mieux connu notre nature, s'ils s'étoient contentés de borner à l'éxemption de la douleur le souverain bien de la vie présente, & de convenir que, sans pouvoir atteindre à ce souverain bien, il nous étoit seulement permis d'en approcher plus ou moins, à proportion de nos soins & de notre vigilance.

Tous les hommes, quoi qu'en dise l'imbécillité, la flatterie ou l'orgueil, font égaux par le droit de la nature. Le principe de cette égalité se trouve dans le besoin qu'ils ont les uns des autres, & dans la nécessité où ils sont de vivre en société : mais l'égalité naturelle est en quelque maniere détruite par une inégalité de convention, qui, en distinguant les rangs, prescrit à chacun un certain ordre de devoir extérieur ; je dis extérieur, car les devoirs intérieurs & réels sont d'ailleurs parfaitement égaux pour tous, quoique d'une espece différente. En effet, pour ne parler que des états extrêmes, le Souverain doit la justice au dernier de ses sujets, aussi rigoureusement que celui-ci lui doit l'obéissance.

L'excès en toutes choses est l'élément de l'homme ; sa nature est de se passionner sur tous les objets dont il s'occupe ; la modération est pour lui un état forcé : ce n'est jamais que par contrainte ou par réfléxion qu'il s'y soumet; & quand le respect qui est dû à la cause qu'il défend peut servir de prétexte à son animosité, il s'y abandonne sans retenue & sans remords.

Plus les hommes sont lents à secouer le joug de l'opinion, plus aussi dès qu'ils l'ont brisé sur quelques points, ils sont portés à le briser sur tout le reste : car ils fuyent encore plus l'embarras d'éxaminer, qu'ils ne craignent de changer d'avis; & dès qu'ils ont pris une fois la peine de revenir sur leurs pas, ils regardent & reçoivent un nouveau systême d'idées, comme une sorte de récompense de leur courage & de leur travail.

De toutes les vérités que le commerce du monde nous apprend, la moins sujette à exceptions, est celle-ci, qu'il faut sans cesse se défier des hommes, & user de la plus grande circonspection en traitant avec eux: maxime aussi triste qu'importante, puisqu'elle nous met dans la nécessité de regarder nos semblables comme nos ennemis.

Ce n'est qu'après avoir été trompés, & même plus d'une fois, que nous consentons enfin à mettre notre défiance en pratique, & que nous enseignons cette maxime à la génération suivante, qui n'en profitera pas mieux que nous.

On commence par croire tous les hommes honnêtes gens, souvent on finit par ne plus croire à la probité de personne : c'est un autre excès ; mais autant il est excusable dans celui-ci qui a été long-tems la dupe des autres, autant est-il odieux dans celui qui n'auroit été dupé de personne. Il faut commencer par être trompé, & finir, si l'on peut, par ne pas l'être.

J'ai très-mauvaise opinion d'un tel, me disoit un jour un homme de beaucoup d'esprit; *quelque jeune qu'il ait été, je ne lui ai jamais vu faire ni entendu dire de sottises.* Ce que l'expérience a bien de la peine à apprendre aux hommes faits, la nature seule l'avoit appris à ce jeune-homme; & on avoit raison d'en tirer des inductions fâcheuses pour son caractère. Il ne faisoit ni ne disoit de sottises, parce qu'il sçavoit combien les autres hommes sont habiles à en profiter; & pourquoi le sçavoit-il, n'ayant point encore vu les hommes? étoit-ce parce qu'on le lui avoit dit? non; cette vérité ne s'apprend jamais qu'à ses propres dépens, à moins qu'elle ne soit *innée*, ou pour parler plus juste, enseignée & persuadée par un naturel vicieux. C'est ainsi qu'elle l'étoit à ce jeune-homme; il craignoit que les autres ne profitassent de ses sottises, parce qu'il se sentoit très-disposé à profiter de celles d'autrui.

La connoissance des vérités morales n'est fondée que sur la notion du juste & de l'injuste. L'homme n'a l'idée de l'injuste, que parce qu'il a l'idée de souffrance ; & il n'a l'idée de souffrance, que parce qu'il a des sensations.

Le penchant ramène l'homme au repos ; & sans cesse l'agitation que ses desirs lui ont imprimée, l'en fait sortir pour le chercher encore, jusqu'à ce que son ame, usée peu-à-peu par ses desirs mêmes, & par la résistance qu'elle a éprouvée pour les satisfaire, jouisse enfin d'une triste & tardive tranquillité.

Nous portons deux hommes en nous, un naturel & un factice. Le premier ne connoit d'autres besoins que les besoins physiques, d'autres plaisirs que celui de les contenter, & de végéter ensuite sans trouble, sans passions & sans ennui : l'homme factice au contraire a mille besoins d'institutions, & pour ainsi dire métaphysique ; ouvrage de la société, de l'éducation, des préjugés, de l'habitude, de l'inégalité des rangs. Si l'état dont nous jouissons parmi nos semblables nous met à portée de satisfaire sans aucun travail les besoins physiques & réels, les besoins factices & métaphysiques viennent s'offrir alors comme un aliment nécessaire à nos desirs, & par conséquent à notre éxistence. Or de ces besoins imaginaires, souvent plus impérieux que les besoins naturels, le plus universel & le plus pressant est celui de dominer sur les autres, soit par la dépendance où ils sont de nous, soit par les lumieres qu'ils en reçoivent. Chacun songeant donc également & à se tirer de lui-même, & à faire desirer aux autres d'être à sa place, celui-ci aspire aux grandes richesses, celui-là aux grands honneurs ; un troisieme espere trouver dans le sein de la méditation & de la retraite un bonheur plus facile & plus pur. Ainsi tandis que la plus grande partie des hommes, condamnés aux sueurs & à la fatigue, envie l'oisiveté de ses semblables, & la reproche à la nature, ceux-ci se tourmentent par les passions, ou se desséchent par l'étude ; & l'ennui dévore le reste.

DES FEMMES.

L'ESCLAVAGE & l'espece d'avilissement où nous avons mis les femmes; les entraves que nous donnons à leur esprit & à leur ame; le jargon futile & humiliant pour elles & pour nous, auquel nous avons réduit notre commerce avec elles, comme si elles n'avoient pas une raison à cultiver, ou n'en étoient pas dignes; enfin l'éducation funeste, je dirois presque meurtriere, que nous leur prescrivons, sans leur permettre d'en avoir d'autre; éducation où elles apprennent presque uniquement à se contrefaire sans cesse, à n'avoir pas un sentiment qu'elles n'étouffent, une opinion qu'elles ne cachent, une pensée qu'elles ne déguisent. Nous traitons la nature en elle, comme nous la traitons dans nos jardins; nous cherchons à l'orner en l'étouffant. Si la plûpart des nations ont agi comme nous à leur égard, c'est que par-tout les hommes ont été les plus forts, & que par-tout le plus fort est l'oppresseur & le tyran du plus foible. Je ne sçai si je me trompe ; mais il me semble que l'éloignement où nous tenons les femmes de tout ce qui peut les éclairer & leur élever l'ame, est bien capable, en mettant leur vanité à la gêne, de flatter leur amour propre. On diroit que nous sentons leurs avantages, & que nous voulons les empêcher d'en profiter. Nous ne pouvons nous dissimuler que dans les ouvrages de goût & d'agrément, elles réussiroient mieux que nous, sur-tout dans ceux dont le sentiment

B vj

& la tendresse doivent être l'ame.

A l'égard des ouvrages de génie & de sagacité, mille exemples nous prouvent que la foiblesse du corps n'y est pas un obstacle dans les hommes ; pourquoi donc une éducation plus solide & plus mâle ne mettroit-elle pas les femmes à portée d'y réussir. Descartes les jugeoit plus propres que nous à la philosophie ; & une Princesse malheureuse a été son plus illustre disciple.

On regarde ordinairemeut les femmes comme très-sensibles & très-foibles ; je les crois au contraire ou moins sensibles, ou moins foibles que nous. Sans force de corps, sans talens, sans étude qui puisse les arracher à leurs peines, & les leur faire oublier quelques momens, elles les supportent néanmoins, elles les dévorent, & sçavent quelquefois les cacher mieux que nous ; cette fermeté suppose en elles ou une ame peu susceptible d'impressions profondes, ou un courage dont nous n'avons pas l'idée. Combien de situations cruelles auxquelles les hommes ne résistent que par le tourbillon d'occupations qui les entraîne ? Les chagrins des femmes seroient-ils moins pénétrans & moins vifs que les nôtres ? Ils ne le devroient pas être. Leurs peines viennent ordinairement du cœur, les nôtres n'ont souvent pour principe que la vanité & l'ambition ; mais ces sentimens étrangers, que l'éducation a portés dans notre ame, que l'habitude y a gravés, & que l'exemple y fortifie, deviennent, à la honte de l'humanité, plus puissans sur nous que les sentimens naturels ; la douleur fait plus périr de ministres déplacés que d'amans malheureux.

Je ne louerai pas les femmes, en soutenant que la pudeur leur est naturelle ; ce seroit prétendre que la nature ne leur a donné ni besoins, ni passions ; la réflexion peut réprimer les desirs ; mais le premier mouvement, (qui est celui de la nature), porte toujours à s'y livrer.

―――――

DE LA SOCIÉTÉ.

L'Etablissement des sociétés est dans les décrets du Créateur, qui a rendu les hommes nécessaires les uns aux autres. La morale étant une suite nécessaire de l'établissement des sociétés, les principes moraux rentrent dans les décrets éternels.

C'est à des motifs purement humains, que les sociétés ont dû leur naissance. La Religion n'a eu aucune part à leur premiere formation; & quoiqu'elle soit destinée à en serrer le lien, cependant on peut dire qu'elle est principalement faite pour l'homme considéré en lui-même.

C'est par les sens que nous apprenons quels sont nos rapports avec les autres hommes & nos besoins réciproques ; & c'est par ces besoins réciproques, que nous parvenons à connoître ce que nous devons à la société, & ce qu'elle nous doit.

DES GOUVERNEMENS, ET DES EMPIRES.

Un corps libre pour quelques instans, doit mieux résister à la corruption, que celui qui l'eſt toujours. Le premier, en vendant ſa liberté, la perd; le ſecond ne fait pour ainſi dire, que la prêter, & l'exerce en l'engageant. Ainſi les circonſtances & la nature du gouvernement, font les vices & les vertus des nations.

Les Empires, ainſi que les hommes, doivent croître, dépérir & s'éteindre; mais cette révolution néceſſaire a ſouvent des cauſes cachées, que la nuit des tems nous dérobe, & que le myſtere, ou leur petiteſſe apparente a même quelquefois voilée aux yeux des contemporains. Rien ne reſſemble plus ſur ce point à l'hiſtoire moderne, que l'hiſtoire ancienne.

Le droit naturel & l'expérience démontrent que le gouvernement ariſtocratique eſt le pire de tous.

Les différentes formes de gouvernement, qui influent tant sur les esprits & la nature, déterminent aussi les especes de connoissances qui doivent principalement y fleurir, & dont chacune a son mérite particulier. Il doit y avoir en général dans une République plus d'Orateurs, d'Historiens & de Philosophes, & dans une Monarchie plus de Poëtes, de Théologiens & de Géometres.

Il n'y a de bons gouvernemens que celui dans lequel les citoyens sont également protégés, & également liés par les loix. Ils ont alors un même intérêt à se défendre & à se respecter les uns les autres; & en ce sens ils sont égaux, non de cette égalité métaphysique, qui confond les fortunes, les honneurs, les conditions, mais d'une égalité qu'on appelle morale, & qui est plus importante pour le bonheur. L'égalité métaphysique est une chimère qui ne sçauroit être le but des loix, & qui seroit plus nuisible qu'avantageuse. Etablissez cette égalité, & vous verrez bientôt les membres de l'Etat s'isoler, l'anarchie naître, & la société se dissoudre. Etablissez au contraire l'inégalité morale, vous verrez une partie des membres opprimer l'autre, le despotisme prendre le dessus, & la société s'anéantir.

D'un côté les abus sont plus sujets à s'introduire, & plus difficiles à guérir dans un grand que dans un petit Etat; mais de l'autre un grand Etat a plus de ressources en lui-même pour sa conservation & pour sa défense.

Des Rois et des Grands.

En prodiguant les éloges aux Princes, on les difpenfe de les mériter; mais la poftérité qui juge les écrivains & les Rois, fçait mettre à leur place ceux qui donnent les louanges, & ceux qui les reçoivent.

Je ne connois que le Czar Pierre premier, dont les conquêtes ayent tourné à l'avantage de fes peuples; encore feroit-ce une queftion de morale à décider, fi un Prince, pour augmenter le bonheur de fes fujets, doit faire le malheur de fes voifins.

Guftave Adolphe foutenoit avec raifon, qu'il n'y a de différence entre les Rois que celle du mérite; mais le mérite principal d'un Souverain est l'amour de l'humanité, de la justice & de la paix. Les Rois qui n'ont que de la puissance ou même de la valeur, toujours les premiers des hommes pour leurs courtisans, sont les derniers pour le sage.

C'est très-bien fait d'inspirer de bonne heure aux Princes de ne pas donner toute leur confiance à un seul; mais que de Princes abusent de cette maxime excellente en elle-même, pour se défier également du vice & de la vertu, pour ne prendre jamais de conseil, & pour se croire prudens & fermes, lorsqu'ils ne sont qu'opiniâtres!

La Reine Christine, dans son enfance, lisoit en original Thucidide & Polybe, & en jugeoit bien : on eût mieux fait de lui apprendre à connoître les hommes, que les auteurs Grecs. La vraie philosophie est encore plus nécessaire à un Prince, que l'histoire.

Il faut sçavoir gré aux Princes, de connoître avec le Public, les hommes illustres & vertueux.

Ici la vanité est une foiblesse dans les Rois, comme dans les autres hommes, c'est du moins une foiblesse qui peut les mener à de grandes choses.

Un Prince a beau être philosophe ou affecter de l'être, la Royauté forme en lui un caractère ineffaçable, toujours à craindre pour ceux qui l'approchent, & incommode pour la Philosophie, quelque soin que le Monarque prenne de la rassurer.

Le sage respecte les Princes, les estime, & les fuit toujours.

L'amour même de la liberté ne résiste gueres aux Rois quand ils insistent.

Presque tous les panégyriques des Princes faits de leur vivant, sont oubliés après eux. Celui de Trajan, par Pline le jeune, prononcé devant l'Empereur en plein Sénat, est presque le seul qui soit resté : le nom de l'Orateur & l'idée que nous donne son Ouvrage de l'éloquence de ces tems-là, ont encore moins contribué à le conserver, que les vertus du Prince qui en étoient l'objet. Ce n'est pas l'Ouvrage qui a immortalisé le Monarque ; c'est le Monarque qui a fait passer l'ouvrage à la postérité : peut-être même ce panégyrique eût-il fait tort à Trajan, si à force de le mériter, il n'eût fait oublier la foiblesse qu'il avoit eu de l'entendre.

Les Monarques sont assez dans l'usage de se manquer de bonne foi entre eux ; mais il ne leur est pas encore permis d'étendre cette regle aux particuliers.

En général on est toujours assez porté à louer les Souverains qui descendent du trône ; on a si peu d'idée des devoirs immenses d'un Prince, qu'on regarde son abdication comme un sacrifice éclatant.

Si un Prince possede les talens nécessaires pour gouverner, c'est un crime de les rendre inutiles par une démission volontaire : il n'auroit d'excuse qu'en se donnant un successeur capable de le remplacer ; mais outre qu'un tel successeur est bien rare, c'est souvent un motif tout contraire qui a déterminé quelques Princes, parce qu'ils n'aimoient que leur gloire, & nullement les hommes.

Combien de Rois voudroient l'être, à la condition de l'être en effet.

Un des plus grands avantages que les Princes puissent se procurer en descendant du trône, c'est de s'assurer par ce moyen de la réalité des éloges qu'on leur a prodigué dans le tems de leur pouvoir, de voir éclipser les statues, & de se trouver seuls avec leurs vertus, s'ils sont assez heureux pour en avoir.

On ne peut nier, puisque la Religion nous l'enseigne, que l'autorité légitime des Rois ne vienne de Dieu ; mais c'est le consentement des peuples qui est le signe visible de cette autorité légitime, & qui en assure l'éxercice.

Si Christine s'est faite Catholique, pour voir plus à son aise des statues, elle ne mérite pas d'en avoir une ; & si elle a renoncé pour des tableaux à faire du bien à ses peuples, elle est au dessous des plus méprisables Monarques.

L'état

L'Etat, dont la constitution doit être sacrée pour les Monarques, parce qu'il subsiste toujours, tandis que les sujets & les Rois disparoissent, a intérêt que tout homme soit jugé suivant les loix : c'est l'intérêt des Princes mêmes, dont les loix font la force & la sûreté. L'humanité leur permet quelquefois d'en adoucir la rigueur, en pardonnant, mais jamais de s'en dispenser pour être cruels. Ce seroit faire injure aux Rois, que d'imaginer que ces principes puissent les offenser, ou qu'il fallût même du courage pour les réclamer au sein d'une monarchie. Ils font le cri de la nature.

Les hommes n'ont de sentiment continu que pour la grandeur & le pouvoir; les Princes mêmes les plus estimés & les plus dignes de l'être, ignorent combien le trône leur est nécessaire pour faire rendre la justice à leurs talens, & combien aux yeux du peuple, c'est-à-dire de presque tous les hommes, ils tirent de mérite de leur couronne, même lorsqu'ils auroient besoin d'elle. *Christine*, (dit l'historien Nani) *s'apperçut bientôt après son abdication, qu'une Reine sans Etat étoit une Divinité sans temple, dont le culte est promptement abandonné.*

L'opulence, ce gage de l'indépendance & du crédit, se place volontiers de sa propre autorité, à côté de la haute naissance, & je ne sçais si on a tort de le souffrir. Il semble même que les états inférieurs qui sont privés de l'un & de l'autre de ces avantages, cherchent à les mettre sur la même ligne, pour diminuer sans doute le nombre des classes d'hommes qui sont au-dessus de la leur, & rapprocher les différentes conditions de cette égalité si naturelle vers laquelle on tend toujours même sans y penser.

L'homme de qualité qui n'a que ses ayeux pour mérite, n'est tout au plus aux yeux de la raison, qu'un vieillard en enfance qui auroit fait autrefois de grandes choses ; ou plutôt c'est un homme à qui les autres sont convenus de parler une certaine langue, parce qu'une personne du même nom a eu quelques années auparavant, ou du génie, ou du pouvoir, ou des richesses, ou de la célébrité, ou seulement du bonheur & de l'adresse.

Qu'est ce-qu'un courtisan ? C'est un homme que le malheur des Rois & des peuples a placé entre les Rois & la vérité pour la cacher à leurs yeux : le Tyran imbécille écoute &

aime ces hommes vils & funestes ; le Tyran habile s'en sert & les méprise. Le Roi qui sçait l'être, les chasse & les punit ; & la vérité se montre alors. On a dit que pour le bonheur des Etats, les Rois devroient être des Philosophes : il suffiroit qu'ils fussent environnés de sages ; mais la philosophie fuit la cour, elle y seroit ou misantrope, ou mal à son aise, & par conséquent déplacée.

Les Grands sont bien aise d'être sçavans, à condition de le devenir sans peine, & ils veulent pouvoir juger sans étude d'un ouvrage d'esprit, pour prix des bienfaits qu'ils promettent à l'Auteur, ou de l'amitié dont ils croyent l'honorer.

Les Princes & les Grands sont trop loin de nous, pour que nous prenions à leurs revers le même intérêt qu'aux nôtres. Nous ne voyons, pour ainsi dire, les infortunes des Rois qu'en perspective; & dans le temps même où nous les plaignons, un sentiment confus semble nous dire pour nous consoler, que ces infortunes sont le prix de la grandeur suprême, & comme les dégrés par lesquels la nature rapproche les Princes des autres hommes. Un Roi n'est presque pas notre semblable, & le sort de nos pareils a bien plus de droit à nos larmes.

DE L'AMOUR PROPRE.

TELLE est la misere de l'amour-propre, que quoiqu'il reçoive souvent de profondes blessures, de ce qui ne sembleroit pas devoir l'effleurer, quoiqu'il soit même beaucoup plus facile à mécontenter qu'à satisfaire, il se repait plus aisément d'avance de ce qui le flattera, qu'il ne soupçonne ce qui pourra le choquer.

L'amour-propre est le sentiment auquel nous tenons le plus, & que nous sommes le plus empressés de satisfaire; le plaisir qu'il nous fait éprouver, n'est pas comme beaucoup d'autres l'effet d'une impression subite & violente; mais il est plus continuel, plus uniforme & plus durable, & se laisse goûter à plus longs traits.

L'amour-propre qui n'annonce que des prétentions modérées, en déclarant qu'il se borne à l'approbation du petit nombre, est un amour-propre timide qui se console d'avance, ou un amour-propre mécontent qui se console après coup.

Les hommes, si différens d'ailleurs entr'eux par le caractere, par les opinions, par les passions qui les agitent, ont un sentiment sur lequel ils se ressemblent tous ; l'amour-propre, avec lequel on a toujours à traiter quand on vit avec eux.

Le principe le plus épuré de la vertu est, si je ne me trompe, le desir d'être bien avec soi-même ; & ce desir est-il autre chose, qu'une suite de l'amour-propre bien entendu ?

L'amour de nous-même, guide quelquefois éclairé, plus souvent aveugle, est le grand ressort de l'humanité.

Les hommes n'ont qu'un refrein perpétuel ; c'est celui de ce Roi, qui, entendant faire l'éloge d'un autre Monarque, disoit tout bas : les plus adroits sont ceux qui font sonner le moins haut ce refrein si naturel; mais ceux qui le disent le plus en secret ne sont pas ceux qui le répétent le moins souvent & avec le moins de force.

Avez vous besoin, disoit une femme d'esprit qui connoissoit bien les hommes, *d'intéresser quelqu'un en votre faveur, flattez sa vanité par des éloges aussi grossiers même qu'il vous plaira; si vous n'avez pas l'esprit, ou si vous ne voulez pas prendre la peine de louer avec finesse, peut-être déplairez-vous le premier jour, le second on vous supportera, le troisieme on vous écoutera avec plaisir, & le quatrieme on vous aimera.*

Le sage a comme les autres son amour-propre, souvent même d'autant plus vif, qu'il tâche de se cacher davantage.

Si l'amour-propre fait aux autres quelques blessures, il s'expose infailliblement à en recevoir de pareilles ; il essuie donc des dégoûts, quand il ne cherche pas à en donner. Il doit donc au moins faire ensorte qu'ils soient rares, & sur-tout qu'ils ne soient pas mérités.

DU GÉNIE.

C'Est en se permettant les écarts, que les génies enfantent les choses sublimes.

Le génie ne veut aucune contrainte dans le moment de la production : il aime à courir sans frein & sans régle, à produire le monstrueux à côté du sublime, à rouler impétueusement l'or & le limon tout ensemble. La raison donne au génie qui crée, une liberté entiere : elle lui permet de s'épuiser jusqu'à ce qu'il ait besoin de repos, comme ces coursiers fougueux, dont on ne vient à bout qu'en les fatiguant, alors elle revient sévérement sur les productions du génie; elle conserve ce qui est l'effet du véritable enthousiasme; elle proscrit ce qui est l'ouvrage de la fougue, & c'est ainsi qu'elle fait éclorre les chef-d'œuvres. Quel écrivain, s'il n'est pas entiérement dépourvu de talent & de goût, n'a pas remarqué que dans la chaleur de la composition, une partie de son esprit reste en quelque maniere à l'écart, pour observer celle qui compose, & pour lui laisser un libre cours, & qu'elle marque d'avance ce qui doit être effacé.

Le plaisir oisif de la méditation & de la conjecture même, entraîne les grands génies : ils commencent beaucoup & finissent peu. Ils proposent des vues, ils prescrivent ce qu'il faut faire pour en constater la justesse & l'avantage, & laissent le travail méchanique à d'autres, qui, éclairés par une lumiere étrangere, ne vont pas aussi loin que leurs maîtres auroient été seuls. Ainsi les uns pensent ou rêvent, les autres agissent ou manœuvrent ; & l'enfance des Sciences est éternelle.

DE L'ESPRIT.

Plus on a d'esprit, plus on est mécontent de ce qu'on en a : j'en appelle aux gens d'esprit de tous les tems & de toutes les nations. Il est vrai que l'éxamen qu'ils font d'eux-mêmes est tenu fort secret. C'est un procès qui se plaide & qui se juge à huis-clos, s'il est permis de se servir de cette expreſſion; & on ſeroit bien fâché, que l'Arrêt ſévére qui le décide, fût ratifié par la multitude.

Il ne peut y avoir que deux ſortes d'eſprits, qui ſe ſuffiſent à eux-mêmes en ſe jugeant. L'extrême génie qui n'éxiſte point, & l'extrême ſottiſe qui n'éxiſte que trop : l'impuiſſance où ſe trouve celle-ci de connoître ce qui lui manque, ſupplée à ce qui lui manque en effet; d'où il arrive, que dans la diſtribution du bonheur, les ſots n'ont pas été les plus mal partagés.

Il en eſt de l'eſprit & du goût, comme de la Philoſophie. Rien n'eſt plus rare que d'en avoir, plus impoſſible que d'en acquérir, & plus commun que de s'en croire beaucoup ; de-là tant de réputations uſurpées, du moins pour un tems, qui ne feront jamais rien produire aux talens médiocres, & qui découragent les véritables, qui les humilient même, en leur montrant les mains par lesquelles la gloire est distribuée ; de-là cette foule de petites sociétés & de tribunaux, où les grands génies sont déchirés par des gens qui ne sont pas dignes de les lire. Si la philosophie-pratique, c'est-à-dire cette partie de la philosophie, qui proprement en mérite seule le nom, accompagnoit un peu plus qu'elle ne fait les talens supérieurs, quelle satisfaction ne seroit-ce pas pour eux, que les guerres des petites sociétés dont nous parlons ; le mépris qu'elles affectent les unes pour les autres, ou plutôt la justice éxacte qu'elles se rendent, l'air supérieur & décidé, avec lequel elles cassent les arrêts de leurs rivales pour en prononcer d'aussi ridicules; le néogolifme enfin qu'elles ont introduit dans nos livres, & dont nos meilleurs écrivains ont bien de la peine à fe garantir.

L'efprit ne crée & n'imagine des objets, qu'en tant qu'ils font femblables à ceux qu'il a connu par des idées directes & par des fenfations. Plus il s'éloigne de ces objets, plus les êtres qu'il forme font bizarres & peu agréables.

Quand les opinions abfurdes font invétérées, on eft quelquefois obligé, pour défabufer le genre humain, de les remplacer par d'autres erreurs, lorfqu'on ne peut mieux faire. L'incertitude & la vanité de l'efprit font telles qu'il a toujours befoin d'une opinion à laquelle il fe fixe. C'eft un enfant à qui il faut préfenter un joüet pour lui enlever une arme dangereufe; il quittera le jouet de lui-même quand le tems de la raison sera venu.

Tout ce qui est du ressort du sentiment n'est pas fait pour être long-tems cherché, & cesse d'être agréable dès qu'il ne se présente pas tout d'un coup ; mais aussi l'ardeur avec laquelle nous nous y livrons s'épuise bientôt, & l'ame, dégoûtée aussi-tôt que remplie, vole vers un nouvel objet qu'elle abandonne de même. Au contraire ce n'est qu'à force de méditations, que l'esprit parvient à ce qu'il cherche : mais par cette raison, il veut jouir aussi long-tems qu'il a cherché.

L'esprit & la vertu ne suffisent pas pour la société, si nous ne sçavons compâtir aux foiblesses de nos semblables, & supporter leurs vices mêmes. Les hommes sont encore plus bornés que méchants. Il faut les mépriser sans le leur dire.

L'esprit faux s'égare en préférant à une route simple des voix difficiles & détournées. L'esprit juste se trompe quelquefois, en prenant comme il le doit, la voie qui lui semble la plus naturelle. L'erreur doit alors en quelque maniere précéder nécessairement la vérité ; mais l'erreur même doit alors devenir instructive, en épargnant à ceux qui nous suivront des pas inutiles.

L'esprit minutieux & borné laisse le tronc pour les branches ; & l'esprit trop avide de généralités, perd & confond tout, en voulant tout embrasser & tout réduire.

L'esprit qui ne reconnoit le vrai que lorsqu'il en est directement frappé, est bien au-dessous de celui qui sçait non seulement le reconnoître de près, mais encore le pressentir & le remarquer dans le lointain à des caractères fugitifs.

Telle est la fatalité attachée à l'esprit humain, que moins un sujet l'intéresse, plus il trouve presque toujours de facilité pour le connoître; & cela est si vrai, que dans l'étude même de la nature, les premiers principes, dont il nous importeroit le plus d'être instruit, sont absolument cachés pour nous.

L'esprit de calcul qui a chassé l'esprit de système, régne peut-être un peu trop à son tour.

L'esprit humain vous étonnera également par son étendue & par ses bornes.

Toutes les questions qui ont rapport aux premiers principes des choses, sont aussi peu éclaircies depuis qu'il y a des Philosophes, qu'elles l'étoient avant qu'il y en eût; elles continueront, tant qu'il y en aura, à être aussi vivement agitées, que profondément obscures. L'esprit humain, occupé depuis si long tems à chercher ces vérités premieres, tentant mille voies pour y parvenir, ne les trouvant pas, & se fatiguant en pure perte à tourner ainsi sur lui-même, ressemble à un criminel enfermé dans un réduit ténébreux, tournant inutilement de tous côtés pour trouver une issue ; & tout au plus entrevoyant une foible lumiere par quelques fentes étroites ou tortueuses, qu'il s'efforce envain d'aggrandir. S'il y a dans ces ténèbres quelques objets dispersés çà & là qu'il nous soit possible d'atteindre, ce n'est qu'à tâtons, & par conséquent assez imparfaitement, que nous pouvons les connoître : encore ne faut-il nous en approcher que pas à pas, & avec une sage & timide circonspection ; en nous précipitant fur ces objets, nous rifquerions d'en être bleſſés, & de ne les connoître que par le mal qu'ils nous feroient fentir. *Sadi* raconte que quelqu'un demanda au fage *Lockman*, à qui il devoit fa fageſſe ; aux aveugles, répondit ce Philoſophe Indien, qui ne poſent le pied en aucun endroit, fans s'être aſſurés de la folidité du fol.

DE LA PHILOSOPHIE, ET DES PHILOSOPHES.

LE premier devoir de la philoſophie eſt d'inſtruire, & ce n'eſt qu'en inſtruiſant qu'elle peut plaire; fon éloquence eſt la préciſion, & fa parure eſt la vérité.

L'eſprit philoſophique eſt utile dans les matieres même de goût, quand il remonte à leurs vrais principes. Il n'est dangereux, que lorsqu'égaré par une fausse métaphysique, il analyse froidement ce qui doit être senti.

Le sage qui voit de sang froid tous les siécles, & même le sien, pense que les hommes y sont à peu-près semblables.

Le propre de la vraie philosophie est de ne forcer aucune barriere, mais d'attendre que les barrieres s'ouvrent devant elle, ou de se détourner quand elles ne s'ouvrent pas.

Le génie philosophique répandu dans tous les livres & dans tous les états, est l'instant de la plus grande lumiere d'un peuple ; c'est alors que le corps de la nation commence à avoir de l'esprit ; ou plutôt, ce qui revient à peu-près au même, commence à s'appercevoir qu'il en manque. Après deux siécles de peines prises pour lui en donner, alors les grands commencent à rechercher non-seulement les ouvrages, mais la personne même des écrivains, tant célebres que médiocres ; ils s'empressent, au moins par vanité, de donner aux talens des marques d'estime, souvent plus intéressées que sinceres.

On place ordinairement la haine des Poëtes après celle des femmes. Je ne sçai si on ne feroit pas bien de placer entre deux, ou peut-être à la tête, celle des prétendus Philosophes.

Le sage, en rendant à la naissance & à la fortune, même les devoirs que la société lui prescrit, est en quelque sorte avare de ces devoirs. Il les borne à l'extérieur, parce qu'un Philosophe sait ménager, &

non pas encenser les préjugés de sa nation, & qu'il salue les idoles du peuple quand on l'y oblige, mais ne va pas les chercher de lui-même. Se trouve-t-il dans la nécessité très-rare de faire sa cour, que des motifs puissans & louables peuvent imposer, quelquefois enveloppé de ses talens & de sa vertu, il rit sans colere & sans dédain du personnage qu'il est obligé de faire.

La philosophie souvent impuissante pour corriger les abus, peut au moins en démêler la source.

La philosophie, qui forme le goût dominant de notre siécle, semble par les progrès qu'elle fait parmi nous, vouloir réparer le tems qu'elle a perdu, & se venger de l'espece de mépris que lui avoient marqué nos Peres. Ce mépris est aujourd'hui retombé sur l'érudition, & n'en est pas plus juste pour avoir changé d'objet.

On abuse des meilleures choses. Cet esprit philosophique, si à la mode aujourd'hui, qui veut tout sçavoir & ne rien supposer, s'est répandu jusques dans les Belles-Lettres ; on prétend même qu'il est nuisible à leurs progrès, & il est difficile de se le dissimuler. Notre siécle, porté à la combinaison & à l'analyse, semble vouloir introduire des discussions frivoles & didactiques dans les choses de sentiment. Ce n'est pas que les passions & le goût n'ayent une logique qui leur appartient ; mais cette logique a des principes tout différens de la logique ordinaire. Ce sont ces principes qu'il faut démêler en nous ; & c'est, il faut l'avouer, de quoi une philosophie commune est capable. Livrée toute entiere à l'éxamen des perceptions tranquilles de l'ame, il lui est bien plus facile d'en démêler les nuances, que celles de nos passions, ou en général, des sentimens vifs qui nous affectent.

Peu de personnes ont la force de chercher leur bonheur dans la triste & uniforme tranquillité de la solitude. Le sage, en fuyant les hommes, c'est-à-dire en évitant de s'y livrer, (car c'est la seule maniere dont il doit les fuir), leur est au moins redevable de ses instructions & de son exemple; c'est au milieu de ses semblables, que l'être suprême lui a marqué son séjour; & il n'est pas plus permis aux Philosophes qu'aux Rois d'être hors de chez eux.

La vraie philosophie ne consiste point à fouler aux pieds la gloire, &
encore

encore moins à le dire ; mais à n'en pas faire dépendre son bonheur, même en tâchant de la mériter.

Dieu, l'homme & la nature, voilà les trois grands objets de l'étude du Philosophe.

La philosophie, chez la plûpart de ceux qui la cultivent, est moins l'amour de la sagesse, que l'amour de leurs pensées.

La philosophie n'est autre chose que l'application de la raison aux différens objets sur lesquels elle peut s'éxercer.

La science des faits de la nature est un des grands objets du Philosophe, non pour remonter à leur premiere cause, ce qui est presque toujours impossible, mais pour les combiner, les comparer, les rappeller à différentes classes, expliquer enfin les uns par les autres, & les appliquer à des usages sensibles. La science des faits historiques cède à la philosophie par deux endroits, par les principes qui servent de fondemens à la certitude historique, & par l'utilité qu'on peut tirer de l'histoire.

Les Philosophes font le contraire des législateurs. Ceux-ci se dispensent des loix qu'ils imposent, ceux-là se soumettent dans leurs Ouvrages aux loix qu'ils condamnent dans leur préface.

Le Philosophe spéculatif profite de l'égarement de ses semblables, comme le Philosophe pratique, des fautes & du malheur d'autrui.

Plus on acquiert de lumieres sur un sujet, moins on s'occupe des opinions fausses ou douteuses qu'il a produites; on ne cherche à sçavoir l'histoire de ce qu'ont pensé les hommes, que faute d'idées fixes &

lumineuses, auxquelles on puisse s'arrêter: par cette apparence vraie ou fausse de sçavoir, on tâche de suppléer autant qu'il est possible à la science véritable. C'est pour cela que l'histoire des sophismes est si courte en mathématique, & si longue en philosophie.

Le Philosophe, en parlant autant qu'il lui est possible la langue du peuple, ne proscrit pas avec rigueur la langue établie. Il est dans les choses d'usage des limites, au-delà desquelles il s'arrête. Il ne veut ni tout réformer, ni se soumettre à tout, parce qu'il n'est ni tyran ni esclave.

Il y a dans chaque siécle un goût de Philosophie dominant. Ce goût entraîne presque toujours quelques préjugés, & la meilleure philosophie est celle qui en a le moins à sa suite. Il seroit mieux sans doute qu'elle ne fût jamais assujettie à aucun ton particulier. Les différentes connoissances acquises & recueillies par les sçavans, en auroient plus de facilité pour se rejoindre, & former un tout.

La philosophie prend la teinture des esprits où elle se trouve. Chez un métaphysicien, elle est ordinairement toute systématique; chez un géomètre, elle est souvent toute de calcul.

Si la philosophie inspire le goût des lectures utiles, le plus grand mérite auprès d'elle, est de joindre l'agrément à l'utilité; par-là on rend nos plaisirs plus réels & plus durables. Les ouvrages philosophiques, quand ils réunissent ces deux avantages, sont peut-être les plus propres à maintenir le bon goût dans l'art d'écrire; ils nous font sentir combien des idées nobles & grandes revêtues d'ornemens simples & vrais comme elles, sont préférables à des riens agréables & frivoles.

C'est le propre des malheurs de ramener à la philosophie, comme le joueur qui a tout perdu revient à sa maîtresse.

Le premier fruit de la philosophie doit être de s'attendre à l'injustice, & de la pardonner d'avance sans la braver & sans la craindre.

DE LA MORALE.

LA connoissance des devoirs envers nos semblables, est ce qu'on appelle la morale, & l'un des plus importans sujets, sur lesquels la raison puisse s'éxercer.

Peu de sciences ont un objet plus

vaste & des principes plus susceptibles de preuves convaincantes que la morale. Tous ces principes aboutissent à un point commun, sur lequel il est difficile de se faire illusion à soi même. Ils tendent à nous procurer le plus sûr moyen d'être heureux, en nous montrant la liaison intime de notre véritable intérêt, avec l'accomplissement de nos devoirs.

Les principes de la morale sont liés au systême général de la société, à l'avantage commun du tout & des parties qui le composent. La nature qui a voulu que les hommes vécussent unis, les a dispensé du soin de chercher par le raisonnement, les régles suivant lesquelles ils doivent se conduire les uns par rapport aux autres. Elle leur fait connoître ces régles par une espece d'inspiration, & les leur fait goûter par le plaisir intérieur qu'ils éprouvent à les suivre, comme elle les porte à perpétuer leur espece par la volupté qu'elle y attache. Elle conduit donc la multitude par le charme de l'impression, la seule espece d'impulsion qui lui convienne; mais elle laisse au sage à pénétrer ses vues. On peut définir très-éxactement le mal moral, & qui tend à nuire à la société, en troublant le bien-être physique de ses membres.

Demander si l'homme est libre, ce n'est pas demander s'il agit sans motif & sans cause, ce qui seroit impossible; mais s'il agit par choix & sans contrainte: & sur cela il suffit d'en appeller au témoignage universel de tous les hommes.

La morale a quatre objets; ce que les hommes se doivent comme membres de la société eu général; ce que les sociétés particulieres se doivent mutuellement. Les premiers devoirs renferment la loi naturelle ou générale, qui n'est bornée ni par les tems ni par les lieux & qu'on peut appeller la morale de l'homme; les devoirs de la seconde espece peuvent être appellés la morale des législateurs; ceux de la troisieme la morale des Etats; enfin les devoirs du quatrieme genre, la morale du citoyen, à quoi on peut ajouter la morale du philosophe, qui n'a pour objet que nous-mêmes, & la morale dont nous devons penser, pour rendre notre condition la meilleure, ou la moins triste qu'il est possible. Dans cette division, on trouve le droit naturel ou commun, le droit politique, le droit des gens, & le droit positif.

La morale eſt peut-être la plus complette de toutes les ſciences, quant aux vérités qui en ſont les principes, & quant à l'enchaînement de ces vérités. Tout y eſt fondé ſur une ſeule vérité de fait; mais inconteſtable ſur le beſoin naturel que les hommes ont les uns des autres, & ſur les devoirs réciproques que le beſoin leur impoſe.

Toutes les queſtions qui tiennent à la morale, ont dans notre propre cœur une ſolution toujours prête, que les paſſions nous empêchent quelquefois de ſuivre, mais qu'elles ne détruiſent jamais; & la ſolution de toutes ces queſtions aboutit toujours par plus ou moins de branches, à un tronc commun à notre intérêt bien entendu, principe de toutes les obligations morales.

Les principes de la morale, uniquement faits pour les hommes, & non pour les animaux, tiennent à une différence entre l'homme & la brute, que nous connoissons bien par le fait, mais dont le principe philosophique nous est inconnu. Nous ne sçavons ni le *pourquoi* ni le *comment* de rien ; & c'est à ce *comment*, à ce *pourquoi*, que nos connoisseurs devroient remonter pour s'élever jusqu'aux vrais principes, soit pratiques, soit spéculatifs.

DE LA MORALE DE L'HOMME.

LES loix générales & naturelles sont de deux especes, écrites & non écrites. Les loix naturelles écrites, sont celles dont l'observation est tellement nécessaire au maintien de la société, qu'on a établi des peines contre ceux qui les violeroient : on appelle *crime*, toute action qui tend à violer les loix naturelles écrites.

Les loix naturelles non écrites, sont celles à l'infraction desquelles on n'a point attaché de peines, parce que cette infraction ne porte pas un trouble aussi marqué dans la société, que l'infraction des loix naturelles écrites; mais si l'observation de celles-ci est nécessaire pour rendre la société durable, l'observation de celles-là ne l'est pas moins pour rendre la société douce & florissante. Leur transgression est un poison lent qui doit insensiblement la miner & la dissoudre. Si la loi épargne l'avare qui laisse mourir un citoyen de misére, c'est que le bien de cet avare étant supposé acquis par des moyens que les loix ne réprouvent pas, elles ne peuvent le lui arracher pour le donner à un autre ; & que si la loi qui nous oblige de soulager nos semblables est une des premieres dans l'état de nature, elle est subordonnée dans l'ordre de la société à la loi qui veut que chacun jouisse tranquillement & en liberté de ce qu'il possède.

L'observation des loix naturelles est ce qu'on nomme probité. La pratique des loix naturelles non écrites, est ce qu'on appelle vertu.

La sévérité des loix qui produit la crainte, est la morale la plus efficace qu'on puisse opposer aux crimes ; & la vraie morale, celle qui enseigne la vertu, est le supplément des loix.

Notre ame n'a qu'une certaine étendue d'affections ; ainsi les passions qui remplissent l'ame de quelques objets particuliers, nuisent à la vertu, parce que le dégré de sentiment qu'elles emportent & qu'elles consomment, est autant de retranché sur celui que l'on doit à tous les membres de la société pris ensemble.

Les passions peuvent donc être contraires à la vertu par leur seul excès, quand elles auroient d'ailleurs un objet louable, mais elles le peuvent être encore par la nature même de leur objet, & pour lors elles sont appellées vices, le vice n'étant autre chose qu'un sentiment habituel, qui nous porte à l'infraction des loix naturelles de la société, écrites ou non écrites.

La morale nous apprend que les sentimens de notre ame doivent être subordonnés à l'amour de l'humanité. Je préfére, disoit un Philosophe, ma famille à moi, ma patrie à ma famille, & le genre humain à ma patrie. Telle est la devise de l'homme vertueux.

L'amour éclairé de nous-même est le principe de tout sacrifice moral. La disposition qui nous porte à ce sacrifice, s'appelle désintéressement. On peut donc regarder ce désintéressement, comme la premiere des vertus morales. C'est en effet celle qui contribue le plus à conserver & à fortifier en nous toutes les autres; c'est aussi celle que les mal-honnêtes gens connoissent le moins, celle à laquelle ils croyent le moins, celle enfin qu'ils craignent ou qu'ils haïssent le plus dans ceux à qui ils sont forcés de l'accorder.

Pour fixer les bornes du sacrifice que nous devons aux autres, il faut fixer les bornes du nécessaire absolu & du nécessaire relatif; & c'est précisément à quoi la morale doit s'appliquer.

Les bornes du nécessaire absolu sont fort étroites; un peu de justice & de bonne foi avec soi-même suffira pour les connoître. A l'égard du nécessaire relatif, la régle la plus sûre pour en juger est l'opinion publique; elle apprécie toujours équitablement les différends de chaque état.

Une loi antérieure à toute considération sur le nécessaire relatif, c'est que dans les Etats où plusieurs citoyens manquent du nécessaire absolu, tous ceux qui ont plus que le nécessaire, doivent à l'Etat au moins une partie de ce qu'ils possédent au-de-là.

Le luxe est au nécessaire relatif, ce que celui-ci est au nécessaire absolu.

Le luxe est un crime contre l'humanité, toutes les fois qu'un seul membre de la société souffre, & qu'on ne l'ignore pas.

Le luxe est le fléau des Républiques, & l'instrument du despotisme des Tyrans.

Les citoyens ont trois especes d'éxistence morale. La premiere qui consiste dans la réputation de probité, ne sçauroit être trop ménagée dans ceux qui la méritent, & trop ouvertement attaquée dans ceux qui en sont indignes. La seconde qui consiste dans la réputation de vertu, est moins rigoureusement nécessaire, & par conséquent lorsqu'elle est usurpée, elle peut être attaquée avec plus de liberté, mais elle ne le sçauroit être avec trop de circonspection & de justice. Enfin la troisieme est la réputation de talens & de mérite, qui, moins nécessaire encore, peut aussi souffrir des attaques plus vives quand elle n'est pas mérité. Ces attaques sont l'objet de la critique ; ainsi la critique est non-seulement permise, mais elle est encore utile & nécessaire, pourvu qu'on ne la confonde pas avec la satyre, dont le but est plutôt de nuire que d'éclairer. La vanité offensée voit la satyre où elle n'est pas, & la malignité veut trop en reculer les bornes.

DE LA MORALE DU LÉGISLATEUR.

LA morale du Législateur a deux branches ; ce que tout gouvernement de quelque espece qu'il soit, doit à chacun de ses membres, & ce que chaque espece particuliere de gouvernement doit à ceux qui lui sont soumis.

Conservation & tranquillité, voilà tout ce que tout gouvernement doit à ses membres, & ce qu'il doit également à tout. Or c'est par ces loix, que tout gouvernement satisfait à ces deux points. Les loix sont de deux especes, criminelles ou civiles. Par rapport aux loix criminelles, la morale s'attache à développer les principes qui doivent en diriger l'objet, l'établissement & l'éxécution.

On peut distribuer les crimes en différentes classes. Dans la premiere sont ceux qui ôtent ou qui attaquent injustement la vie. Dans la seconde ceux qui attaquent l'honneur; dans la troisieme ceux qui attaquent les biens; dans la quatrieme ceux qui attaquent la tranquillité publique;

dans la cinquieme ceux qui attaquent les mœurs. Les peines des crimes doivent être proportionnées : ainsi ceux de la premiere classe doivent être punis par des peines capitales ; ceux de la seconde par des peines infamantes ; ceux de la troisieme par la privation des biens ; ceux de la quatrieme par l'éxil ou la prison ; ceux de la cinquieme par la honte & le mépris.

Le crime doit être puni, non-seulement à proportion du dégré auquel le coupable a violé la loi, mais encore à proportion du rapport plus ou moins étroit, & plus ou moins direct de la loi au bien de la société.

La morale des loix civiles n'est pas aussi étendue que celle des loix criminelles ; elle embrasse les objets généraux de l'administration ; les cas où le bien particulier doit être sacrifié au bien public, & ceux où il peut y avoir des exceptions à cette maxime, les principes qui rendent les impôts justes ou injustes; la différence de la dépendance civile, par laquelle les citoyens tiennent tous également au corps de l'Etat dont ils sont sujets, & de la dépendance domestique, par laquelle les enfans sont soumis à leurs peres, les femmes à leurs maris, les serviteurs à leurs maîtres, les bornent.

L'objet des légiflateurs étant de procurer le plus grand bien de la société qu'ils gouvernent, ils doivent encore engager les hommes à concourir à ce bien, pour leur propre intérêt. Si le droit politique demande qu'un citoyen ne devienne pas trop puissant, le droit naturel éxige qu'un citoyen utile soit récompensé. Les récompenses sont de deux espèces, les richesses & les honneurs. Les richesses sont dues à ceux qui ont enrichi l'Etat ; les honneurs à ceux qui l'ont honoré. Que les citoyens qui se plaignent d'être pauvres, ou d'être oubliés, méditent cette régle, & qu'ils se jugent.

Comme le mérite, les talens & les services rendus à l'Etat sont personnels, les récompenses doivent l'être aussi. Ainsi la famille d'un citoyen, lorsqu'elle n'a d'autre mérite que celui de lui appartenir, ne devroit pas participer aux honneurs qu'on lui rend, si ce n'est autant que cette participation seroit elle-même un honneur de plus pour le citoyen.

Si les honneurs ne se doivent qu'au mérite, ils ne doivent donc pas se vendre : c'est à peu près, dit Platon, comme si on faisoit quelqu'un

Général ou Pilote pour son argent.

La Religion par ses préceptes, ses conseils, ses récompenses & ses peines, est le complément des loix, elle en fait partie. Les loix civiles & celles de la Religion doivent être séparées; les unes & les autres n'ont rien de commun entr'elles, ni quant aux obligations, ni quant aux peines. La Religion n'a aucune influence sur les effets civils, & ceux-ci sur la Religion. La tolérance de toutes les manieres d'honorer l'Être Suprême, ne seroit-elle pas l'effet infaillible de cette distinction de loix.

Si l'intolérance religieuse d'une société, par rapport à ses membres, étoit autorisée par la morale, elle devroit l'être par les mêmes principes de société à société; or quel trouble affreux n'en résulteroit-il pas sur la surface de la terre? Animé par un zèle éclairé, nous envoyons des missionnaires à la Chine. Si les Chinois, poussés par un zèle aveugle, en faisoient autant par rapport à nous, traînerions-nous leurs missionnaires au supplice ? Nous nous bornerions à tâcher de les convertir.

Il faut bien distinguer l'esprit de tolérance, qui consiste à ne persécuter personne, & qui est l'esprit de la Religion même, de l'esprit d'indifférence qui regarde toutes les Religions comme égales.

Les récompenses & les distinctions sont le seul ressort dont les Législateurs puissent se permettre de faire usage pour mettre la véritable Religion en honneur : par ce moyen elle acquérera de jour en jour des sectateurs d'autant plus fidéles, qu'ils seront volontaires. La persécution produiroit un effet tout opposé. Dans le premier cas la vanité seule sans aucun effort, détache insensiblement les hommes de leur opinion, dans l'autre au contraire elle les y attache.

L'intolérance qui persécute en matiere de Religion, est d'autant plus injuste dans son principe & dans ses effets, qu'en général les hommes sont assez portés d'eux-mêmes, où à suivre la Religion du pays qu'ils habitent, ou du moins à la respecter lorsqu'on ne les force pas.

Soit que l'état doive entrer ou non dans les questions de Religion, il doit au moins veiller avec soin à ce que les ministres de la Religion ne deviennent pas trop puissans. Si leur pouvoir peut être de quelque utilité, c'est dans les états despotiques, pour servir de barrieres à la tyrannie ; c'est-à-dire que ce pouvoir

voir n'est alors qu'un moindre mal opposé à un plus grand.

En laissant à chaque citoyen la liberté de penser en matiere de Religion, lui laissera-t-on celle de parler & d'écrire ? La tolérance, ce me semble, ne doit pas aller jusques-là, sur-tout si les écrits & les discours dont il s'agit attaquent la Religion dans sa morale. Cette sévérité s'étend même aux écrits qui attaquent le dogme chez les nations qui ont le bonheur de posséder la vraie Religion ; & il seroit imprudent d'oser en cela blâmer leur conduite.

Outre les loix en général, qui ont rapport aux hommes considérés comme membres d'une société quelconque, chaque société particuliere a une forme qui lui est propre ; & sa forme est déterminée par la nature des loix particulieres de chaque so-

E

ciété, & par la nature de la puissance chargée de les faire observer. Cette puissance réside ou dans le corps de l'état pris ensemble, ou dans une partie des citoyens, ce qui constitue les trois espèces de gouvernement Démocratique, Aristocratique & Monarchique.

Lorsque l'état en corps n'est pas dépositaire des loix, le corps particulier ou le citoyen qui en est chargé est absolument le dépositaire & non le maître; rien ne l'autorise à changer à son gré les loix. C'est en vertu d'une convention entre les membres, que la société s'est formée, & tout engagement a des liens réciproques. Telle est la morale des Rois justes; il répugne en effet à la nature de l'esprit & du cœur humain, qu'une multitude d'hommes ait dit, sans conditions, à un seul ou à quel-

-ques-uns : *commandez-nous, & nous vous obéirons ?*

La meilleure république est celle, qui, par la stabilité des loix, & l'uniformité du gouvernement, ressemble le mieux à une bonne monarchie ; & la meilleure monarchie est celle où le pouvoir n'est pas plus arbitraire que dans la république.

Les devoirs mutuels du gouvernement & des membres sont le fondement de la véritable liberté du citoyen, qu'on peut définir, la dépendance des devoirs & non des hommes.

DE LA MORALE DES ÉTATS.

CHAQUE État, outre ses loix particulieres, a aussi des loix à obferver par rapport aux autres. La modération, la bonne foi, l'équité, les égards réciproques, en doivent être les grands principes. C'eſt-là toute la baſe du droit des gens & du droit de la guerre & de la paix.

La morale de l'homme eſt aſſurée par les loix de chaque état, qui veillent à ce qu'elles ſoient obſervées, & qui pour cela ont la force en main. La morale des légiſlateurs eſt appuyée ſur la dépendance réciproque du gouvernement & des ſujets ; mais les états ſont les uns par rapport aux autres, à peu-près comme les hommes dans l'état de pure nature : il n'y a pas pour eux d'autorité coactive ; la force ſeule peut régler leurs différends.

Un citoyen eſt obligé d'obſerver les loix, même quand on ne les obſerve pas à ſon égard, parce que ces loix se sont chargées de sa défense; il ne sçauroit en être de même d'un état par rapport à un autre. Ainsi on punit les malfaiteurs, & on se soumet aux conquérans.

DE LA MORALE DU CITOYEN.

LA morale du citoyen se réduit à être fidele observateur des loix civiles de sa patrie, & à se rendre le plus utile à ses concitoyens qu'il est possible.

Tout citoyen est redevable à sa patrie de trois choses, de sa vie, de ses talens, & de la maniere de les employer.

Les loix de la société obligent ses membres de se conserver pour elles, & par conséquent leur défendent de disposer d'une vie qui appartient aux autres hommes presqu'autant qu'à eux.

Le citoyen est non-seulement comptable de sa vie à la société humaine, il est encore redevable de ses talens à la société que le sort lui a donné ou qu'il s'est choisi; & il doit les employer pour elle de la maniere la plus utile.

Nos connoissances sont de deux especes, utiles & curieuses; les connoissances utiles ne peuvent avoir que deux objets; nos devoirs & nos besoins. Les connoissances curieuses ont pour objet nos plaisirs, soit de l'esprit, soit du corps. Les connoissances utiles doivent nécessairement être cultivées dans une société policée; mais jusqu'où s'étendent les connoissances utiles, il est évident qu'on peut resserrer ou augmenter cette étendue, selon que l'on aura plus ou moins d'égards aux différens dégrés d'utilité.

Les connoissances qui n'ont pour objet que nos plaisirs, contribuent à l'agrément de la société ; mais en multipliant les plaisirs, elles en inspirent, ou en entretiennent le goût, & ce goût est proche de l'excès & de la licence ; il est plus facile de le réprimer que de le régler : il seroit donc peut-être plus à propos que les hommes se fussent interdits les arts d'agrément, que de s'y être livrés. Néanmoins ces arts d'agrément étant une fois connus, ils peuvent dans certains états occuper un grand nombre de sujets oisifs, & les empêcher de rendre leur oisiveté nuisible.

DE LA MORALE DU PHILOSOPHE.

LA morale du philosophe doit avoir pour but de nous rendre heureux indépendamment des autres. Cette maniere de penser se réduit à deux principes, au détachement des richesses, & à celui des honneurs.

Les honneurs ne font partie ni du véritable bien-être physique, ni même de l'éxistence morale, à laquelle tous les citoyens ont un droit égal; mais si le désintéressement sur les honneurs n'est pas d'obligation morale, par rapport à la société, il n'est pas moins nécessaire à notre bonheur, que le désintéressement sur les richesses. La raison permet d'être flatté des honneurs ; mais sans les éxiger ni les attendre, leur jouissance peut augmenter notre bonheur. Leur privation ne doit pas l'altérer. C'est en cela que consiste la vraie philosophie, & non dans l'affectation à mépriser ce qu'on souhaite. C'est mettre un trop grand prix aux honneurs, que de les faire avec empressement, ou de les rechercher avec avidité. Le même excès de vanité produit ces deux effets contraires.

La morale établit & détermine jusqu'où il est permis de porter l'ambition, cette passion est le plus grand mobile des actions & même des vertus des hommes ; & que par cette raison il seroit dangereux de vouloir éteindre ; mais si pour réprimer l'ambition excessive, elle nous en fait envisager les suites, c'est parce que l'ambition excessive est une passion si détestable par les maux qu'elle fait, que l'envie en est une si honteuse. Ces deux passions ont leur source dans le même principe; l'ambition a seulement quelque chose de moins vil, en ce qu'elle se montre pour l'ordinaire à découvert, au lieu que l'envie agit en se cachant; elle suppose en effet, ou la connoissance secrette de son infériorité & son impuissance; ou ce qui est plus bas encore, le chagrin de la justice rendue à son inférieur, c'est-à-dire le chagrin d'un bienfait à autrui, qui n'est pas un mal pour soi. Or aucun de ces sentimens n'est fait pour être mis au grand jour. L'envie suppose au moins quelque mérite réel dans celui qui en est l'objet; elle est donc toujours injuste : c'est pour cela qu'elle se cache. Si l'objet de l'envie n'a qu'un mérite factice d'emprunt ou de cabale, l'envie diminue à proportion, & se tourne bientôt en mépris pour celui qui reçoit les honneurs pour ceux qui les donnent & pour les honneurs mêmes.

C'est le grand principe de la morale du philosophe, & tel est le déplorable sort de la condition humaine, qu'il faut presque toujours renoncer aux plaisirs pour éviter les maux qui en sont la suite ordinaire. Cette éxistence insipide, qui nous fait supporter la vie sans nous y attacher, est pourtant l'objet de l'ambition & des efforts du sage ; & c'est en effet, tout mis en balance, la situation que notre condition présente nous doit faire désirer le plus, encore la plûpart des hommes sont-ils si à plaindre, qu'ils ne peuvent, même par leurs soins, se procurer cet état d'indifférence & de paix. Mille causes tendent à le troubler; les unes, comme les douleurs corporelles, sont indépendantes; d'autres, comme le desir de la considération, des honneurs & de la gloire, ont leur source dans l'opinion des autres qui n'est guére en notre pouvoir: d'autres enfin ont leur origine dans notre propre opinion, mais n'en sont pas pour cela des tyrans moins funestes à notre tranquillité.

RÉFLEXIONS PHILOSOPHIQUES.

DANS une infinité de matieres, plusieurs argumens, dont chacun en particulier n'est que probable, peuvent former dans l'esprit, par leur concours une conviction auffi forte que celle qui nait des démonftrations mêmes, comme le concours des témoignages, pour conftater un fait, produit une certitude auffi inébranlable que celle de la géométrie.

L'envie de fe diftinguer fronde les opinions dans la théorie ; & l'amour-propre qui craint d'échouer, les ménage dans la pratique.

Nous n'acquérons guéres de connoiffances nouvelles, que pour nous défabufer de quelques illufions agréables ; & nos lumieres font prefque toujours aux dépens de nos plaifirs.

Tout fiécle qui penfe bien ou mal, pourvu qu'il croit penfer & qu'il penfe autrement que le fiécle qui l'a précédé, fe pare du titre de Philofophe, comme on a fouvent honoré du titre de fage, ceux qui n'ont eu d'autre mérite que de contredire leurs contemporains. Notre siécle s'est donc appellé par excellence le siécle de la philosophie. Plusieurs écrivains lui en ont donné le nom, persuadés qu'il en réjailliroit quelqu'éclat sur eux; d'autres lui ont refusé cette gloire, dans l'impuissance de la partager.

Quand les fondemens d'une révolution sont jettés, c'est toujours dans la génération suivante, que la révolution s'acheve.

En nous défiant de notre industrie, gardons-nous de nous en méfier avec excès.

Dans l'impuissance que nous sentons tous les jours de surmonter tant d'obstacles qui se présentent à nous, nous serions sans doute trop heureux, si nous pouvions du moins juger au premier coup d'œil jusqu'où nos efforts peuvent atteindre; mais relle est tout à la fois la force & la foiblesse de notre esprit, qu'il est souvent aussi dangereux de prononcer sur ce qu'il ne peut pas, que sur ce qu'il peut.

La multitude pour l'ordinaire n'est vivement agitée que par la crainte d'un mal, ou l'espérance d'un bien présent.

Une expérience triste, mais vraie, prouve, à la honte de l'humanité, que les crimes qui sont punis par des loix, se commettent peu, en comparaison de ceux que l'Etre suprême est le seul témoin & le seul juge, quoique la loi défende également les uns & les autres.

Si dans le jeu compliqué & dangereux du politique & du guerrier, on peut supposer que deux malheurs valent un tort; on doit ce me semble reconnoître aussi, que deux succès valent un mérite.

Le plus habile dans l'art de la guerre, est celui dont les conjectures sont le moins souvent démenties par les événemens.

Deux Divinités, si l'on peut parler ainsi, président à peu près également aux événemens de ce monde, la sagesse & la fortune. Si les événemens trompent quelquefois la sagesse, la fortune de son côté amene enfin des événemens heureux. Le plus habile est celui qui se met en état de profiter de ces événemens quand ils arrivent, & qui donne, pour ainsi dire, à la fortune le tems de venir au secours de la sagesse. *Donner du tems à la fortune*, doit être la devise & la régle du Philosophe.

La médiocrité contente & tranquille, qui nourrit doucement l'amour-propre, sans effrayer celui de personne, qui permet de se croire quelque chose sans trop de vanité, & aux autres de nous compter pour rien, sans trop d'injustice, cette *médiocrité d'or*, pour appliquer ici une belle expression d'Horace, fait jouir ceux qui l'ont en partage d'une félicité obscure, & par-là même plus assurée & plus durable. On peut comparer les talens médiocres, à ce qu'on appelle dans l'Etat la *Bourgeoisie aisée*, c'est-à-dire à la classe de citoyens la moins enviée & la plus paisible.

Le patriotisme dans les ames vulgaires, (je ne dis pas dans les grandes ames), n'est gueres que le sentiment de son bien-être, & la crainte de le voir troubler.

De la Renommée.

On peut dire que la renommée

qui publie tout, raconte plus souvent ce qu'elle entend, que ce qu'elle voit; & que les Poëtes qui lui ont donné une bouche, devoient bien aussi lui donner un bandeau.

De l'Avarice.

Celui qui laisse périr son semblable, qu'il peut secourir, est à peu-près aussi coupable envers la société, que s'il faisoit périr ce malheureux par une mort lente.

De l'Ingratitude.

Si la perfidie & l'ingratitude n'ont pas de peines afflictives, c'est pour que nous soyons en garde avec les hommes, & nous apprendre à ne pas placer trop légérement notre confiance & nos bienfaits; c'est peut-être aussi pour ne pas trop accorder à la tyrannie des bienfaiteurs, & pour exciter les hommes aux belles actions, par le seul plaisir de les faire.

De l'Amour.

L'amour peut produire quelquefois le même effet que le défaut d'humanité, par la violence avec laquelle il nous concentre dans un objet, & nous détache de tous les autres ; il n'éteint pas l'amitié dans les ames vertueuses, mais souvent il l'assoupit ; s'il adoucit quelquefois les ames féroces, il dégrade encore plus sûrement les ames foibles. L'amour est pourtant de toutes les passions la plus naturelle, la plus excusable & la plus commune.

La jalousie en amour n'est pas du même genre que l'envie. C'est un sentiment plus naturel dont on a beaucoup moins à rougir. Elle n'est autre chose que la crainte d'être troublé dans la possession de ce qu'on aime. L'amour est un sentiment si exclusif, & qui anéantit tellement tous les autres, qu'il exige naturellement un retour semblable de la part de son objet. Ce n'est donc pas en y attachant une idée de bassesse, que la morale attaque la jalousie en amour: car en nous représentant les malheurs dont l'amour même est la source, sentiment doux, mais terrible, qu'on peut demander si l'être suprême a imprimé dans sa faveur ou dans sa colere. M. de Buffon dit qu'il n'y a dans la passion de l'amour que le physique de bon, & que le moral, c'est-à-dire le sentiment n'en vaut rien.

De l'Ambition.

L'ambition a cela de singulier,

que lorsqu'elle est modérée, c'est un sentiment estimable, la suite & la preuve de l'élévation de l'ame; & que portée à l'excès, elle est le plus odieux & le plus funeste de tous les vices. En effet elle est le seul qui ne respecte rien, ni sang, ni liaison, ni devoirs. L'avare est quelquefois généreux pour son ami : l'amant lui sacrifie quelquefois sa maîtresse : l'ambitieux sacrifie tout à l'objet qu'il veut atteindre ou qu'il possède; aussi de tous les maux que les passions des hommes leur causent, les malheurs que l'ambition leur fait éprouver sont ceux qui excitent le moins la compassion du sage.

Pour les Catholiques, le Pape est le chef de la véritable Eglise; pour les Protestans sages & modérés, c'est un Souverain qu'ils respectent comme Prince, sans lui obéir; mais dans un siécle tel que le nôtre, il n'est plus l'Antéchrist pour personne.

Du Siécle.

Il doit être d'autant moins permis de se montrer personnel, que presque tout le monde l'est aujourd'hui à l'excès & sans retenue.

Remarques politiques & morales.

Dans la plûpart des délibérations humaines, il est difficile de faire un choix qui soit à couvert de toutes sortes d'inconvéniens ; & trop ordinairement un parti que la victoire a fait sortir de l'oppression, signale son triomphe par les excès les plus opposés à ceux qu'il a voulu réprimer.

De l'Amitié.

Je ne dirai jamais à personne, méfiez-vous de votre ami, je dirai seulement, ne vous y fiez qu'après une longue épreuve.

Du Désintéressement.

Le désintéressement est un sentiment louable dans son principe. Il peut être estimable dans un Philosophe isolé; mais il est toujours blâmable dans un chef de famille.

De la Simplicité.

La simplicité est la suite ordinaire de l'élévation des sentimens, parce que la simplicité consiste à se montrer tel que l'on est, & que les ames nobles gagnent toujours à être connues.

De la Naïveté.

La naïveté est un agrément quand elle n'est pas un ridicule, elle annonce du moins la vertu; & c'est par cette raison que le vice en emprunte quelquefois le masque.

Des Siécles d'Ignorance.

Il semble que le propre des siécles d'ignorance, est de représenter la nature plus grossiere, mais aussi plus vraie; & celui des siécles de lumiere, de la peindre plus délicate, mais plus déguisée.

De la Réputation & de la Considération.

Il ne faut pas confondre la considération avec la réputation; celle-ci est principalement le fruit des talens ou du sçavoir faire; celle-la est attachée au rang, à la place, aux richesses, ou en général au besoin qu'on a de ceux à qui on l'accorde. L'absence ou l'éloignement, loin d'affoiblir la réputation, lui est souvent utile; l'autre au contraire, toute extérieure, semble attachée à la présence.

DE L'ENVIE.

QUAND l'envie ne peut pas attaquer le sçavant, elle a recours à une ressource qui lui est assez ordinaire. Elle cherche à rendre le Chrétien suspect : ce n'est pas que les envieux soient intéressés à la Religion ; ils ne sont jaloux que de leur supériorité : car il n'est pas nécessaire d'avoir de la Religion, pour la faire servir de masque à la haine.

Les hommes, tout injustes qu'ils sont, ne le sont pourtant que jusqu'à un certain point ; & la supériorité, quand elle est extrême, fait pour eux une classe à part, qu'ils regardent sans envie. Si les concitoyens de Newton n'étoient pas jaloux de son mérite, c'est qu'ils le voyoient trop au-dessus d'eux. Une inégalité moins marquée lui eût peut-être fait trouver dans sa propre nation quelques rivaux, plus empressés d'obscurcir ses découvertes, que de les faire valoir; en lui laissant sa réputation, ils avoient du moins la ressource de croire la partager.

C'est bien peu connoître l'envie, que de croire lui imposer silence en s'y montrant trop sensible; c'est au contraire lui donner la célébrité qu'elle cherche. La postérité eût ignorée jusqu'au nom de Bavius & de Mævius, si Virgile n'avoit pas eu la foiblesse d'en faire mention dans un de ses vers.

DE LA FORTUNE.

S'IL n'est pas difficile de faire fortune par des voies louables, il l'est encore moins d'y parvenir, quand on se permet tout pour cet objet. Il ne faut pour cela que la résolution bien déterminée de réussir ; de la patience & de l'audace. Peut-être est-ce le seul genre de succès, qui ne prouve aucune espece d'esprit ; car l'esprit d'intrigue & de manége ne mérite pas ce nom ; c'est l'esprit de ceux qui voudront l'avoir. C'est en faisant un long & heureux usage de cet esprit si commun, que des hommes sans mérite & sans nom peuvent arriver à la plus grande fortune & aux plus brillans emplois.

DES BIENFAITEURS.

QUE l'orgueil & le despotisme des bienfaiteurs rendent les bienfaits redoutables, & quelquefois humilians! Quel mal ne font pas aux talens des bienfaits baſſement reçus! Ils communiquent à l'ame un aviliſſement qui dégrade inſenſiblement les idées, & dont les écrits ſe reſſentent à la longue; car le ſtyle prend la teinture des caractéres. Ayez de la hauteur dans les ſentimens, votre maniere d'écrire ſera ferme & noble.

Quand on oblige d'honnêtes gens, on doit laiſſer parler en eux la reconnoiſſance: elle ſçait s'impoſer à elle-même des loix ſévéres; mais les hommes ſont ſi attentifs à ſaiſir tout ce qui peut leur donner de la ſupériorité ſur leurs ſemblables, qu'un bienfait accordé, eſt regardé pour l'ordinaire comme une eſpece de titre, une priſe de poſſeſſion de celui qu'on oblige, un acte de ſouveraineté dont on abuse, pour mettre quelques malheureux dans sa dépendance. On a beaucoup écrit, & avec raison, contre les ingrats; mais on a laissé les bienfaiteurs en repos; & c'est un chapitre qui manque à l'histoire des tyrans.

DE LA COUR.

A la Cour, les intérêts personnels étouffent tout autre intérêt. La mérite y a des amis timides qui le servent foiblement, & des ennemis ardens, attentifs aux occasions de lui nuire.

La plus grande injure que les gens en place puissent faire à un homme de Lettres, ce n'est pas de lui refuser l'appui qu'il a droit d'attendre d'eux, c'est de le laisser dans l'oppression ou dans l'oubli, en voulant paroître ses protecteurs. L'indifférence pour les talens ne les offense pas toujours; mais elle les révolte, quand elle cherche à se couvrir d'un faux air d'intérêt: heureusement elle se démasque bientôt elle-même, & les moins clairvoyans n'y sont pas long-tems trompés.

Les bienfaits sont toujours à redouter, quand l'amitié n'en est pas le principe, ou quand on ne peut estimer la main dont ils viennent.

Du Public.

LE premier mouvement du Public, semblable en cela aux critiques subalternes, est de juger par imitation: il court après la nouveauté, & il est toujours prêt à la proscrire. Il est vrai qu'il ne tarde pas à revenir de son injustice, au lieu que les critiques subalternes s'opiniâtrent dans la leur.

Malgré toutes les injures que l'on dit au Public, & qu'il mérite quelquefois, il en est un qui décide avec connoissance & avec équité : il est vrai que le Public qui juge, c'est-à-dire qui pense, n'est pas composé de tous ceux qui prononcent, ni même de ceux qui lisent; ses arrêts ne sont pas tumultueux : souvent il éxamine encore, lorsque la passion ou la présomption croient avoir déja décidé ; & ses oracles, mis en dépôt chez un petit nombre d'hommes éclairés, prescrivent enfin à la multitude ce qu'elle doit croire.

Du Plaisir.

Telle est la triste destinée de l'homme, jusques dans les plaisirs mêmes ; moins il peut s'en passer, moins il les goûte ; & plus il y met de soins & d'étude, moins leur impression est sensible.

Rendez les peuples plus heureux, & par conséquent les citoyens moins rares ; les amis plus sensibles & plus constants ; les peres plus justes ; les enfans plus tendres ; les femmes plus fidelles & plus vraies, nous ne chercherons alors d'autres plaisirs que ceux qu'on goûte au sein de l'amitié, de la patrie, de la nature & de l'amour.

Les hommes, assez heureux pour se contenter des plaisirs offerts par la nature, ne doivent point y en substituer d'autres. Les amusemens qu'on cherche sont le poison lent des amusemens simples.

Il est des plaisirs, qui, dès le premier moment, s'emparent de nous ; il en est d'autres, qui, n'ayant d'abord éprouvé de notre part que de l'éloignement ou de l'indifférence, attendent pour se faire sentir, que l'ame ait été suffisamment ébranlée par leur action, & n'en sont alors que plus vifs.

Les plaisirs que l'habitude fait goûter, peuvent n'être pas arbitraires, & même avoir eu d'abord le préjugé entr'eux.

DES SCIENCES.

CEs révolutions de l'esprit humain, ces secousses qu'il reçoit de tems en tems de la nature, font pour un spectateur philosophe un objet agréable & surtout instructif. Il seroit donc à souhaiter que nous en eussions un tableau éxact à chaque époque. Si cette partie intéressante de l'histoire du monde eût été moins négligée, les sciences n'auroient pas avancées si lentement : les hommes ayant sans cesse devant les yeux les progrès ou le travail de leur prédécesseur, chaque siécle, par une émulation naturelle, eût été jaloux d'ajouter quelque chose au dépôt que lui auroient laissé les siécles précédens ; il en eût été de chaque science comme de l'astronomie, qui s'enrichit & se perfectionne tous les jours des observations nouvelles ajoutées aux anciennes.

Quel genre d'esprit doit obtenir par sa supériorité le premier rang dans l'estime des hommes, est une question souvent proposée, & décidée tous les jours en faveur des Gens de Lettres, à la vérité sans intérêt, par une foule d'écrivains subalternes, incapables, je ne dis pas d'apprécier Corneille & de lire Newton, mais de juger Campistron & d'entendre Euclide. Pour nous, plus timides ou plus justes, nous avouerons que la supériorité en ces deux genres nous paroît d'un mérite égal : d'ailleurs si le Littérateur & le bel esprit du premier ordre a plus de partisans parce qu'il a plus de juges, celui qui recule les limites des sciences, a de son côté des juges & des partisans plus éclairés. Qui auroit à choisir d'être Newton ou Corneille, feroit bien d'être embarrassé, ou ne mériteroit pas d'avoir à choisir.

Les sciences sont une espece de grand édifice auquel plusieurs personnes travaillent de concert : les uns, à la sueur de leur corps, tirent la pierre de la carriere, d'autres la traînent avec effort jusqu'au pied du bâtiment, d'autres l'élevent à force de bras & de machines; mais celui qui la met en œuvre & en place, a le mérite de la construction.

Si les hommes vivoient séparés, & pouvoient s'occuper dans cet état d'un autre objet que de leur propre conservation, ils préféreroient l'étude des sciences exactes, à la culture des sciences agréables. C'est pour les autres principalement qu'on se livre à celles-ci, & c'est pour soi qu'on étudie les premieres. Un Poëte, ce me semble, ne seroit guere vain dans une isle déserte, au lieu qu'un Géomètre pourroit encore l'être.

Deux inconvéniens arrêtent ou retardent le progrès des connoissances humaines. Le peu de vérités auxquelles nous pouvons atteindre, & le défaut d'enchaînement entre les vérités connues. Ces deux inconvéniens se font plus ou moins sentir selon la nature des objets sur lesquels roulent ces vérités.

L'érudition nourrit & fait vivre toutes les parties de la Littérature, depuis le bel esprit jusqu'au philosophe : il faut l'encourager par les mêmes principes, qui, dans un état bien policé font encourager les cultivateurs.

De la Physique.

L'étude de cette science roule sur deux points qu'il ne faut pas confondre; l'observation & l'expérience. L'observation, moins recherchée & moins subtile, se borne aux faits qu'elle a sous les yeux, à bien voir & à bien détailler les phénomènes de toute espece, que la nature nous présente. L'expérience cherche à pénétrer la nature plus profondément, à lui dérober ce qu'elle cache, à créer en quelque maniere par la différente combinaison des corps, de nouveaux phénomènes pour les étudier; enfin elle ne se restreint pas à écouter la nature, mais elle l'interroge & la presse. On pourroit appeller l'observation, la physique des faits, ou plutôt la physique *vulgaire & palpable*, & réserver pour l'expérience le nom de physique *occulte*.

Les Anciens paroissent avoir cultivé la physique que nous appellons vulgaire, préférablement à celle que nous avons nommée physique occulte, ce qui est proprement la physique expérimentale : ils se contentoient de lire dans le grand livre de la nature toujours ouvert pour eux, ainsi que pour nous ; mais ils y lisoient assidûment, & avec des yeux plus attentifs & plus sûrs que nous ne l'imaginons. Plusieurs faits qu'ils ont avancé, & qui d'abord avoient été démentis par les modernes, se sont trouvés vrais quand on les a mieux approfondis.

Des faits & point de verbiage, voilà la grande régle en physique comme en histoire ; ou pour parler plus éxactement, les explications dans un livre de physique doivent être comme les réfléxions dans l'histoire, courtes, sages, fines, amenées par les faits, ou raffermies par la maniere dont on les préfente.

De l'Astronomie.

L'astronomie a deux branches; la connoissance des phénomènes célestes qu'on appelle particuliérement astronomie, & l'explication des phénomènes qu'on nomme astronomie physique.

Rien n'est plus satisfaisant pour l'esprit humain, que de voir par quelle suite d'observations, de recherches, de combinaisons & de calculs, les hommes sont parvenus à connoître les mouvemens de ce globe qu'ils habitent, & celui des autres corps de notre système planétaire.

Qu'on examine avec attention ce qui a été fait depuis quelques années par les plus habiles mathématiciens fur le fyftême du monde, on conviendra, ce me femble, que l'aftronomie phyfique eft aujourd'hui plus redevable aux François qu'à aucune autre Nation.

De la Géométrie.

On peut regarder la géométrie comme une logique pratique, parce que les vérités dont elle s'occupe étant les plus fimples & les plus fenfibles de toutes, font par cette raifon les plus fufceptibles d'une application facile & palpable des régles du raifonnement.

Tout ce qui eft fufceptible d'idées précifes n'en fouffre pas d'autres. Préfenter des notions vagues pour des démonftrations éxactes, c'eft fubftituer de fauffes lueurs à la lumiere, c'eft retarder les progrès de l'efprit en voulant l'éclairer. L'ignorance croit y gagner, & les sciences en font une réelle ; ce n'est pas que la géométrie n'ait comme toutes les sciences une métaphysique qui lui est propre, & nécessaire même pour y faire des découvertes. Un homme qui, avant de toucher les objets les apperçoit déja quoique confusément, a sans doute beaucoup d'avantage sur un aveugle qui les rencontre brusquement & par hazard ; mais ce n'est pas assez d'entrevoir une vérité géométrique dans l'éloignement, il faut pour ainsi dire nous assurer d'elle, en la reconnoissant de plus près, & franchir l'intervalle qui nous en sépare : or le calcul est le seul guide qui puisse conduire dans cette route, faire éviter les obstacles qui s'y rencontrent, ou avertir qu'ils sont insurmontables.

Les grands géométres connoiffent cette efpece de pareffe, qui préfére la peine de découvrir une vérité à la contrainte peu agréable de la fuivre dans l'ouvrage d'autrui. En général ils fe lifent peu les uns les autres, & peut-être perdroient ils à lire beaucoup : une tête pleine d'idées empruntées n'a plus de place pour les fiennes propres, & trop de lecture peut étouffer le génie au lieu de l'aider. Si elle eft plus néceffaire dans l'étude des Belles-Lettres que dans celle de la géométrie, la différence des objets & des qualités qu'elles éxigent en eft fans doute la caufe. La géométrie ne veut que découvrir des vérités, fouvent difficiles à atteindre, mais faciles à reconnoître dès qu'on les a faifies, & elle ne demande pour cela qu'une juftefle & une fagacité qui ne s'acquiert point : si elle n'arrive pas à son but, elle le manque entiérement ; mais tout moyen lui est bon pour y arriver, & chaque esprit a le sien qu'il est en droit de croire le meilleur : au contraire le mérite principal de l'éloquence & de la poésie, consiste à exprimer & à peindre. Les talens naturels, absolument nécessaires pour y réussir, ont encore besoin d'être éclairés par l'étude réfléchie des excellens modeles, &, pour ainsi dire, guidés par l'expérience de tous les siécles. Quand on a lu une fois un problême de Newton, on a vu tout, ou on n'a rien vu, parce que la vérité s'y montre toute nue & sans réserve ; mais quand on a lu & relu une page de Virgile & de Bossuet, il y reste encore cent choses à voir. Un bel esprit qui ne lit point, n'a pas moins à craindre de paſſer pour un écrivain ridicule, qu'un géométre qui lit trop, de n'être jamais que médiocre.

La géométrie a par elle-même une beauté réelle, indépendante de toute utilité vraie ou prétendue: quand elle n'auroit d'autres prérogatives, que de nous offrir ſans aucun mêlange des connoiſſances évidentes & certaines, un ſi grand avantage ne la rendroit-il pas digne de notre étude? Elle eſt, pour ainſi dire, la meſure la plus préciſe de notre eſprit, de ſon dégré d'étendue, de ſagacité, de profondeur & de juſteſſe. Si elle ne peut nous donner ces qualités, on conviendra du moins qu'elle les fortifie, & fournit les moyens les plus faciles de nous aſſurer nous-mêmes, & de faire connoître aux autres, juſqu'à quel point nous les poſſédons. Archimede est encore plus célebre par ses recherches sur la parabole & sur les spirales, que par ses spheres mouvantes & ses bascules. Descartes & Newton, dont les ouvrages n'ont guéres contribué qu'aux progrès de la raison, seront l'un & l'autre immortels, tandis que les inventeurs des arts les plus nécessaires sont pour la plûpart inconnus, parce que c'est plutôt le hazard que le génie qui les a guidés. Un historien est loué de travailler à illustrer sa nation. Quel respect ne mérite pas un petit nombre de génies rares, qui, en montrant jusqu'où peuvent aller les forces de l'esprit, ont éclairé l'univers, & fait honneur à l'humanité. Il a fallu des siécles pour les produire, & on ne peut espérer de les voir de tems en tems renaître, qu'en ne traitant point leurs disciples de fainéants laborieux. Ainsi quand les spéculations de la géométrie transcendante ne seroient & ne pourroient jamais être d'aucun usage, ce qu'on est bien éloigné de prouver, ces hommes respectables devroient les mettre à l'abri du reproche de frivolité, que leur font tous les jours des gens oisifs, frivoles par état, & incapables de les apprécier. Si des travaux d'une utilité matérielle & sensible étoient la seule & la principale mesure du mérite, le laboureur & le soldat, aujourd'hui victimes d'un mépris injuste, devroient recevoir des honneurs aussi peu mérités. Les talens de toute espece, les noms célébres en tout genre, seroient oubliés ou proscrits. La barbarie renaîtroit bientôt & avec elle tous les maux qu'elle traîne à sa suite.

La géométrie si nécessaire pour entrevoir le méchanisme admirable du corps humain, est insuffisante pour en démêler tous les ressorts. Les vains efforts qu'elle fait pour y parvenir, dégénerent facilement en abus. Il faut réserver la géométrie pour des objets, qui, moins utiles peut-être, sont plus satisfaisans, du moins par les lumieres qu'elle peut y répandre.

La géométrie est la science des propriétés & de l'étendue, en tant qu'on la considére comme simplement étendue & figurée.

Si les mathématiques donnent à l'esprit de la dureté & de la sécheresse, la géométrie ne redresse que les esprits droits, mais sans dessécher ni réfroidir les esprits déjà préparés à cette opération par la nature.

De l'Astrologie.

La Reine Christine disoit, que l'astrologie terrestre lui paroissoit encore plus sûre que la céleste pour juger des événemens ; & que l'astrologie est comme la médecine qu'il faut étudier pour n'être pas dupe.

DE LA MÉTAPHYSIQUE.

LE titre de métaphysicien, & même de grand métaphysicien, est encore assez commun dans notre siécle ; car nous aimons à tout prodiguer : mais qu'il y a peu de personnes véritablement dignes de ce nom ! Combien y en a-t-il qui ne le méritent, que par le malheureux talent d'obscurcir avec beaucoup de subtilité des idées claires, & de préférer dans les notions qu'ils se forment, l'extraordinaire au vrai qui est toujours simple. Il ne faut pas s'étonner après cela, si la plûpart de ceux qu'on appelle métaphysiciens, font si peu de cas les uns des autres : je ne doute pas que ce titre ne soit bientôt une injure pour nos bons esprits, comme le nom de sophiste, qui pourtant signifie sage, avili en Grece par ceux qui le portoient, fut rejetté par les vrais philosophes.

Nos idées sont le principe de nos connoissances, & ces idées ont elles-mêmes leur principe dans nos sensations : c'est une vérité d'expérience. Mais comment nos sensations produisent-elles nos idées ? Premiere question que doit se proposer le philosophe, & sur laquelle doit porter tout le système des élémens de la philosophie. La génération de nos idées appartient à la métaphysique ; c'est un de ses objets principaux, & peut-être devroit-elle s'y borner. Presque toutes les autres questions qu'elle se propose sont insolubles ou frivoles : elles sont l'aliment des esprits téméraires, ou des esprits faux ; & il ne faut pas être étonné, si tant de questions subtiles, toujours agitées & jamais résolues, ont fait mépriser par les bons esprits, cette science vuide & contentieuse, qu'on appelle communément métaphysique. Elle eût été à l'abri de ce mépris, si elle eût sçu se contenir dans de justes bornes, & ne toucher qu'à ce qui lui est permis d'atteindre ; or ce qu'elle peut atteindre est bien peu de chose.

Le vrai en métaphysique ressemble au vrai en matiere de goût ; c'est un vrai dont tous les esprits

G ij

ont le germe en eux-mêmes, auquel la plûpart ne font pas d'attention, mais qu'ils reconnoissent dès qu'on le leur montre. Il semble que tout ce qu'on apprend dans un bon livre de métaphysique ne soit qu'une espece de réminiscence de ce que notre ame a déjà sçu ; l'obscurité, quand il y en a, vient toujours de la faute de l'Auteur, parce que la science qu'il se propose d'enseigner n'a point d'autre langue, que la langue commune ; aussi peut-on appliquer aux bons Auteurs de métaphysique, ce qu'on a dit des bons écrivains : qu'il n'y a personne, qui, en les lisant, ne croie pouvoir en dire autant qu'eux.

Le mérite de faire entrer avec facilité dans les esprits des notions vraies & simples, est beaucoup plus grand qu'on ne pense, puisque l'expérience nous prouve combien il est rare. Les saines idées métaphysiques sont des vérités communes, que chacun saisit, mais que peu d'hommes ont le talent de développer ; tant il est difficile, dans quelque sujet que ce puisse être, de se rendre propre ce qui appartient à tout le monde.

Plus on approfondit les différentes questions qui sont du ressort de la métaphysique, plus on voit combien leur solution est au-dessus de nos lumieres : On demande si l'ame pense ou sent toujours ; l'énoncé seul de cette question doit faire sentir l'impossibilité d'y répondre. La connoissance de la nature de l'ame ne peut servir à la résoudre, puisque cette connoissance nous manque.

Dans la métaphysique, le nombre

des vérités que nous connoissons est très-petit ; mais ce peu que nous connoissons est assez bien lié, au moins dans cette partie de la métaphysique, la plus essentielle & la plus utile, qui a pour objet la génération des idées & leur développement.

On peut regarder la métaphysique comme un grand pays, dont une petite partie est riche & bien connue, mais qui confine de tous côtés à de vastes déserts, où l'on trouve seulement de distance en distance quelque mauvais gîte, prêt à s'écrouler sur ceux qui s'y réfugient.

La métaphysique, selon le point de vue sous lequel on l'envisage, est la plus satisfaisante & la plus futile des connoissances humaines : la plus satisfaisante, quand elle ne considere que des objets qui sont à sa portée, qu'elle les analyse avec netteté & avec précision, & qu'elle ne s'éleve point dans cette analyse au de là de ce qu'elle connoit clairement de ces mêmes objets : la plus futile, lorsqu'orgueilleuse & ténébreuse tout à la fois, elle s'enfonce dans une région refusée à ses regards, qu'elle disserte sur les attributs de Dieu, sur la nature de l'ame, sur la liberté & sur d'autres sujets de cette espece, où toute l'antiquité philosophique s'est perdue, & où la philosophie moderne ne doit pas espérer d'être plus heureuse.

En métaphysique, ce qu'on ne peut pas apprendre par ses propres réflexions, ne s'apprend point par la lecture ; & ce qui ne peut pas être rendu pour les esprits les plus communs, est obscur pour les profonds.

DES ARTS.

On ne peut en général donner le nom d'art à tout système de connoissance qu'il est permis de réduire à des regles positives, invariables & indépendants du caprice ou de l'opinion; & il seroit permis de dire en ce sens, que plusieurs de nos sciences sont des arts, étant envisagées par leur côté.

On a trop écrit sur les sciences; on n'a pas assez bien écrit sur la plûpart des arts libéraux; on n'a presque rien écrit sur les arts méchaniques.

L'expression dont brillent les chef-d'œuvres des beaux arts saisit infailliblement tout homme de génie accoutumé à étudier la nature;

il la reconnoît quand elle est imitée, comme un portrait ressemblant frappe tous ceux à qui l'original est familier. Malheur aux productions de l'art, dont toute la beauté n'est que pour les artistes.

C'est aux personnes seules de l'art, qu'il est réservé d'apprécier les vraies beautés d'un ouvrage, & le dégré de difficulté vaincue. Rarement un simple amateur raisonnera de l'art avec autant de lumieres, je ne dis pas qu'un artiste habile, mais qu'un artiste médiocre.

Il n'y a presque point de science ou d'art, dont on ne puisse à la rigueur, & avec une bonne logique, instruire l'esprit le plus borné, parce qu'il y en a peu dont les propositions ou les régles ne puissent être réduites à des notions simples & disposées entr'elles dans un ordre si immédiat, que la chaîne ne se trouve nulle part interrompue.

Pour peu qu'on ait réfléchi sur la liaison que les découvertes ont entr'elles, il est facile de s'appercevoir que les sciences & les arts se prêtent mutuellement des secours, & qu'il y a par conséquent une chaîne qui les unit.

La peinture & la sculpture sont de toutes les connoissances, qui consistent dans l'imitation, celle où l'imitation approche le plus des objets qu'elle représente, & parle le plus directement aux sens.

L'architecture, cet art né de la nécessité & perfectionné par le luxe, s'étant élevée par dégré des chaumieres aux palais, n'est aux yeux des philosophes, si on peut parler ainsi, que le masque embelli d'un de nos plus grands besoins : l'imitation de la belle nature y est moins frappante & plus resserrée que dans la peinture & la sculpture. Ces arts expriment indifféremment & sans restriction toutes les parties de la belle nature, & la représentent telle qu'elle est, uniforme ou variée. L'architecture au contraire se borne à imiter par l'assemblage & l'union des différens corps qu'elle emploie, l'arrangement symétrique que la nature observe plus ou moins sensiblement dans chaque individu, & qui contraste si bien avec la belle variété du tout ensemble.

Le mépris qu'on a pour les arts méchaniques, semble avoir influé jusqu'à un certain point sur leurs inventeurs mêmes. Les noms de ces bienfaiteurs du genre humain sont presque tous inconnus, tandis que l'histoire de ses destructeurs, c'est-à-dire des conquérans, n'est ignorée de personne : cependant c'est peut-être chez les artisans, qu'il faut aller chercher les preuves les plus admirables de la sagacité de l'esprit, de sa patience & de ses ressources.

L'imitation de la nature, l'invention même est assujettie à certaines régles ; & ce sont ces régles qui forment principalement la partie philosophique des beaux arts, jusqu'à présent assez imparfaite, parce qu'elle ne peut être l'ouvrage que du génie, & que le génie aime mieux créer que discuter.

Ces beaux arts sont tellement unis avec les Belles-Lettres, que le même goût qui cultive les unes, porte aussi à perfectionner les autres.

De quelque côté qu'on se tourne dans les beaux arts, on voit partout la médiocrité dictant des loix,

& le génie s'abaissant à lui obéir ; c'est un Souverain emprisonné par des esclaves.

Les grands artistes en tous arts n'ont connu qu'une seule régle, c'est de n'être ni froids ni ennuyeux.

DE LA MUSIQUE.

LA musique parle à la fois à l'imagination & aux sens : elle est bornée jusqu'ici à un petit nombre d'images ; ce qu'on doit moins attribuer à sa nature, qu'à trop peu d'invention & de ressources dans la plûpart de ceux qui la cultivent.

La musique, qui, dans son origine n'étoit peut-être destinée à représenter que du bruit, est devenue peu-à-peu une espece de discours, ou même de langue, par laquelle on exprime les différents sentimens de l'ame, ou plutôt ses différentes passions; mais pourquoi réduire cette expression aux passions seules, & ne pas l'étendre autant qu'il est possible jusqu'aux sensations mêmes.

Je ne vois pas pourquoi un musicien qui auroit à peindre un objet effrayant, ne pourroit pas y réussir, en cherchant dans la nature l'espece de bruit qui peut produire en nous l'émotion la plus semblable à celle que cet objet y excite; j'en dis autant des sensations agréables.

Toute musique qui ne peint rien, n'est que du bruit; & sans l'habitude qui dénature tout, elle ne feroit gueres plus de plaisir qu'une suite de mots harmonieux & sonores, dénués d'ordre & de liaison.

Après avoir fait un art d'apprendre la musique, on devroit en faire un de l'écouter.

Rameau nous a donné, non la meilleure musique dont il fut capable, mais la meilleure que nous puissions recevoir.

Toutes les nations de l'Europe ont proscrit notre opéra, & ont adopté le théâtre françois qui est en effet le meilleur modele qu'on ait jusqu'à présent du genre dramatique.

Les partisans de la musique françoise, pour couvrir sa nudité & sa foiblesse, affectent de vanter le beau simple : de ce que le beau est toujours simple, ils en concluent que le simple est toujours beau, & ils appellent simple ce qui est froid & commun, sans force, sans ame & sans idée.

Pergolèse, trop tôt enlevé pour le

progrès de l'art de la musique, a été le Raphael de la musique italienne ; il lui avoit donné un style vrai, noble & simple, dont les artistes de sa nation s'écartent un peu trop aujourd'hui. Le beau siécle de cet art semble être en Italie sur son déclin, & le siécle de Séneque & de Lucain commence à lui succéder.

Quoiqu'on remarque encore dans la musique italienne moderne des beautés vraies & supérieures, l'art & le desir de surprendre s'y laisse voir trop souvent au préjudice de la nature & de la vérité.

La passion pour le changement corrompt la musique au-delà des Alpes, & une timidité superstitieuse en retarde les progrès parmi nous.

Le seul genre de musique qui n'ait rien perdu en Italie, qui peut-être même s'y est perfectionné, c'eſt le genre burleſque & comique : la liberté qu'il permet, la variété dont il eſt ſuſceptible, laiſſent le génie des compoſiteurs plus à ſon aiſe. La muſique des intermedes, quand elle eſt compoſée par un habile artiſte, eſt rarement médiocre, ſouvent admirable ; la muſique des tragédies eſt quelquefois admirable & ſouvent médiocre.

Lully avoua en mourant qu'il voyoit bien au-delà du point où il avoit porté ſon art : c'étoit un avis qu'il donnoit ſans le vouloir à ſes admirateurs.

Point de véritable chant ſans expreſſion ; & c'eſt en quoi la muſique des Italiens excelle. Il n'eſt aucun genre de ſentiment dont elle ne nous fourniſſe des modeles inimitables : tantôt douce & inſinuante, tantôt folâtre & gaie, tantôt ſimple & naïve; tantôt enfin sublime & pathétique tour à tour, elle nous charme, nous enleve, nous déchire. Des hardieſſes expreſſives, des licences heureuſes, des routes de modulations détournées & ſçavantes, & néanmoins toujours naturelles; voilà ſon caractére & ſes richeſſes. Toutes les oreilles françoiſes, pour l'honneur de notre nation, n'y ſont pas inſenſibles: il eſt vrai qu'il y a beaucoup d'incrédules; & ce qui eſt pis encore, bien des oreilles hypocrites, qui feignent par air un plaiſir qu'elles n'ont pas.

Le chant françois a le défaut le plus contraire à l'expreſſion, c'eſt de ſe reſſembler tous les jours à lui-même. La douleur, la joie, la fureur & la tendreſſe, y ont le même ſtyle, toujours la même route de mélodie, la même marche de modulation, & toujours la marche la plus élémentaire, la plus étroite & la moins vraie, enforte que celui qui va entendre un air françois, peut s'assurer d'avance qu'il l'a déjà entendu cent fois auparavant.

Pour une oreille que l'harmonie affecte, il y en a cent que la mélodie touche par préférence ; ce n'est pas que nous ne reconnoissions tout le mérite d'une harmonie bien entendue : elle nourrit & soutient agréablement le chant ; alors l'oreille la moins éxercée fait naturellement, & sans étude, une égale attention à toutes les parties : son plaisir continue d'être un, parce que son attention, quoique portée sur différens objets, est toujours une ; c'est en quoi consiste un des principaux charmes de la bonne musique italienne, & c'est-là cette unité de mélodie, dont M. Rousseau a si bien établi la nécessité dans sa lettre sur la musique françoise.

Il faut avouer qu'en général on ne sent toute l'expression de la musique, que lorsqu'elle est liée à des paroles ou à des danses. La musique est une langue sans voyelles, c'est à l'action à les y mettre.

DES LANGUES MORTES ET VIVANTES.

Les langues nées avec les sociétés n'ont sans doute été d'abord qu'une collection assez bizarre de signes de toute espece ; & les corps naturels qui tombent sous nos sens, ont été en conséquence les premiers objets que l'on ait désigné par des noms.

Les langues grecque & latine, tant qu'on les a parlé, n'ont eu qu'un très-petit nombre d'excellens Poëtes comme toutes les langues vivantes; au contraire, depuis la renaissance des lettres, nous croyons avoir beaucoup d'Horace & de Virgile : on en trouvera aisément la raison, si l'on fait attention que plusieurs corps célébres, qui ont produit une nuée de versificateurs latins, n'ont pas un seul Poëte françois qu'on puisse lire.

Un des plus grands efforts de l'esprit humain, est d'avoir assujetti les langues à des régles; mais cet effort n'a été fait que peu-à-peu. Les langues, formées d'abord sans principes, ont été plus l'ouvrage du besoin que de la raison; & les philosophes, réduits à débrouiller ce cahos informe, se sont bornés à diminuer le plus qu'il étoit possible l'irrégularité, & à réparer de leur mieux ce que le peuple avoit construit au hasard ; car c'est aux philosophes à régler les langues, comme c'est aux bons écrivains à les fixer.

La grammaire est l'ouvrage des philosophes ; mais ceux qui en ont établi les régles, ont fait comme la plûpart des inventeurs dans les sciences : ils n'ont donné que les résultats de leur travail, sans montrer l'esprit qui les avoit guidé. Pour bien saisir cet esprit si précieux à connoître, il faut se remettre sur leurs traces ; mais c'est ce qui n'appartient qu'à des philosophes comme eux.

L'étude & l'usage suffisent pour apprendre les régles, & un dégré de conception ordinaire pour les appliquer. L'esprit philosophique seul peut remonter jusqu'aux principes sur lesquels les régles sont établies, & distinguer le grammairien de génie, du grammairien de mémoire.

Cet esprit philosophique apperçoit d'abord dans la grammaire de chaque langue, les principes généraux qui sont communs à toutes les autres, & qui forment la grammaire générale : il démêle ensuite dans les usages particuliers à chaque langue, ceux qui peuvent être fondés en raison, d'avec ceux qui ne sont que l'ouvrage du hazard ou de la négligence. Il observe l'influence réciproque que les langues ont eues les unes avec les autres, & les altérations que ce mêlange leur a donné, sans leur ôter entiérement leur propre caractére. Il balance leurs avantages & leurs désavantages mutuels ; la différence de leur construction, ici libre, hardie & variée, là régulière, timide & uniforme; la diversité de leur génie, tantôt favorable, tantôt contraire à l'expression heureuse & rapide des idées; leur richesse & leur liberté, leur indigence & leur servitude.

La métaphysique de la grammaire est réelle & à notre portée ; c'est la marche de l'esprit humain dans la génération de ses idées, & dans l'usage qu'il fait des mots pour transmettre ses pensées aux autres hommes.

Tous les principes de cette métaphysique appartiennent, pour ainsi dire à chacun, puisqu'ils sont au-dedans de nous; il ne faut pour les y trouver, qu'une analyse exacte & réfléchie ; mais le don de cette analyse n'est pas donné à tous : on peut néanmoins s'assurer si elle est bien faite

faite, par un effet qu'elle doit alors produire infailliblement, celui de frapper d'une lumiere vive tous les bons esprits auxquels elle sera présentée : en ce genre, c'est presque une marque sûre de n'avoir pas rencontré le vrai, que de trouver des contradictions, ou d'en trouver qui le soient longtems.

La façon dont on enseigne le Latin, inspire aux enfans le dégoût de l'étude, dans un âge où l'on ne doit songer qu'à la rendre agréable. Dans la méthode ordinaire, on enseigne le Latin, à peu-près comme un homme, qui, pour apprendre à un enfant à parler, commenceroit par lui montrer la méchanique des organes de la parole. La méthode proposée par M. Dumarsay, imite au contraire celui qui enseigneroit d'abord à parler, & qui explique-

H

roit ensuite le méchanique des organes.

L'usage de la langue latine ne pourroit être que très-utile dans les ouvrages de philosophie, dont la clarté & la précision doivent faire tout le mérite, & qui n'ont besoin que d'une langue universelle & de convention.

En fait de langues, comme en fait d'Auteurs, tout ce qui est mort a grand droit à nos hommages.

De toutes les langues cultivées par les gens de lettres, l'Italienne est la plus variée, la plus fléxible, la plus susceptible des formes différentes qu'on veut lui donner ; aussi n'est-elle pas moins riche en bonnes traductions qu'en excellente musique vocale, qui n'est elle-même qu'une espece de traduction : notre langue, au contraire, est la plus sévére de toutes dans ses loix, la plus uniforme dans sa construction, la plus gênée dans sa marche ; faut-il s'étonner qu'elle soit l'écueil des traducteurs, comme elle est celui des Poëtes !

Il s'en faut beaucoup que le caprice de l'usage ait autant présidé à la formation des langues, que la multitude l'imagine ; mais il ne faut pas croire non plus qu'il n'ait eu aucune influence sur cette formation.

La langue françoise a un caractére de timidité, ou, si l'on veut, de sagesse qui lui est propre ; mais qui, l'empêchant de se permettre presqu'aucune licence, fait le désespoir des traducteurs & des Poëtes.

La briéveté & l'harmonie sont des avantages dans les langues ; la briéveté pour le plaisir de l'esprit, l'harmonie pour celui de l'oreille.

En matière de langue, il est une infinité de nuances imperceptibles & fugitives, qui, pour être démêlées, ont besoin, si on peut parler de la sorte, du frottement continuel de l'usage : c'est un effet qui doit être dans le commerce, pour que la vraie valeur en soit connue.

L'indigence d'une langue est vraie, lorsqu'elle exprime souvent par le même mot des notions qu'il eût été facile & avantageux d'exprimer par des mots différens; par exemple, en françois on dit sentir une odeur, & sentir de la résistance ; douleur, pour exprimer les souffrances physiques, & douleur pour exprimer le chagrin.

L'imperfection d'une langue consiste en ce qu'elle rend toutes les idées intellectuelles, par des expressions figurées, c'est-à-dire par des expressions destinées dans leurs significations propres, à exprimer les idées des objets sensibles; en françois, on dit une maison triste, une campagne riante, un discours froid.

Dans la langue françoise, il y a un grand nombre d'expressions qui n'ont d'usage qu'au sens figuré, comme *aveuglement, bassesse, tendresse*: on ne dit pas d'un homme qui a perdu la vue, qu'il est à plaindre *de son aveuglement*: on ne dit pas *la bassesse des eaux, la tendresse d'une viande*, mais on dit *l'aveuglement de l'esprit & du cœur, la bassesse des sentimens, la tendresse de l'amour*.

En général, il est beaucoup plus simple, & par conséquent plus utile de se servir, dans les sciences, des termes reçus, en fixant bien les idées qu'on doit y attacher, que d'y substituer des termes nouveaux, sur-tout dans les sciences qui n'ont point ou qui n'ont guéres d'autre langue que la langue commune, ou dont les termes sont généralement connus : il en coûte moins au commun des hommes, de réformer leurs idées, que de changer leur langage.

Le génie d'une langue, c'est le résultat des loix auxquelles cette langue est assujettie, eu égard à la nature des mots qu'elle peut employer, aux modifications dont ces mots sont susceptibles, & enfin aux régles de construction qu'elle s'est prescrites.

De l'Éducation.

L'Education qu'on donne aux grands, toute bornée à l'extérieur, peut en imposer au peuple, mais non pas à juger les hommes.

Que diroit Socrate, de l'éducation publique qu'on donne à notre jeune nobleſſe, des puérilités dont on ſe plaît à la nourrir, comme ſi on n'avoit rien de bon à lui apprendre? Senſible au ſon de ces ames neuves, & par conſéquent ſi propres à recevoir les impreſſions du beau, du grand & du vrai, il n'auroit que trop d'occaſions de répéter à leur maître cette maxime, juſqu'à préſent appliquée aux mœurs ſeules, *que l'enfance ne ſçauroit trop être reſpectée.* Qu'il ſeroit ſur-tout étonné de voir qu'au centre d'une Religion aussi humble que la nôtre, & aussi faite pour rapprocher les hommes, on affecte de rappeller continuellement à nos jeunes Seigneurs la gloire de leur nom & de leur naissance, & qu'on ne trouve point pour les exciter de motifs plus réels & plus nobles, au lieu de leur redire sans cesse que les autres hommes sont leurs égaux par l'intention de la nature, plusieurs fort au-dessus d'eux par les talens; & qu'un grand nom, pour qui sçait penser, est un poids aussi redoutable qu'une célébrité précoce.

Un des points les plus importans & en même tems les plus difficiles de l'éducation, est de faire connoître aux enfans jusqu'à quel dégré ils doivent être sensibles à l'opinion des hommes; trop d'insensibilité peut en faire des scélérats, trop de sensibilité peut en faire des malheureux.

C'est dans la premiere jeunesse que le sentiment du juste & de l'injuste est le plus vif avantage; & quel avantage n'y auroit-il pas à le développer de bonne heure.

DE L'ART DE TRADUIRE.

ETUDIONS l'art de traduire dans les ouvrages de ceux qui se sont éxercés dans cet art, & non dans quelques décisions mal assurées, sur lesquelles on dispute. Quels préceptes sont préférables à l'étude des grands modeles ? ceux-ci éclairent toujours, celles-là nuisent quelquefois.

Dans tous les genres de littérature, la raison a fait un petit nombre de régles, le caprice les a étendues, & le pédantisme en a forgé des fers, que le préjugé respecte, & que le talent n'ose briser.

On croit communément que l'art de traduire seroit le plus facile de tous, si les langues étoient exactement formées les unes sur les autres; j'ose croire que dans ce cas on auroit plus de traducteurs médiocres, & moins d'excellens.

Un traducteur a besoin de beaucoup de finesse, pour distinguer dans quel cas la perfection exacte de la ressemblance pourroit céder aux graces de la diction, sans trop s'affoiblir.

Une des grandes difficultés de l'art d'écrire, & principalement des traductions, est de sçavoir jusqu'à quel point on peut sacrifier l'énergie à la noblesse, la correction à la facilité, la justesse rigoureuse à la méchanique du style. La raison est un juge sévére qu'il faut craindre ; l'oreille, un juge orgueilleux qu'il faut ménager.

On ne doit pas se faire une régle de traduire littéralement, dans les endroits mêmes où le génie des langues ne paroît pas s'y opposer, quand la traduction sera d'ailleurs séche, dure & sans harmonie.

Entre les mains d'un homme de génie, chaque langue se prête à tous les styles ; elle sera, selon le sujet & l'écrivain, légére ou pathétique, naïve ou sublime : en ce sens les langues n'ont pas de caractéres qui les distinguent ; mais si toutes sont également propres à chaque genre d'ouvrage, elles ne le sont pas également à exprimer une même idée ; c'est en quoi consiste la diversité de leur génie.

Les langues ont leur génie ; les écrivains ont aussi le leur. Le caractére de l'original doit donc aussi passer dans la copie : c'est la régle que l'on recommande le plus, mais qu'on pratique le moins, & sur l'observation de laquelle, les lecteurs même ont le plus d'indulgence.

Combien de traductions, semblables à des beautés réguliéres, sans ame, sans physionomie, représentent de la même maniere les ouvrages les plus disparates ?

Les hommes de génie ne devroient être traduits que par ceux qui leur ressemblent, & qui se rendent leurs imitateurs, pouvant être leurs rivaux.

Le caractére des écrivains est dans

la pensée, ou dans le style, ou dans l'un ou dans l'autre. Les écrivains, dont le caractère est dans la pensée, sont ceux qui perdent le moins en passant dans une langue étrangere. Corneille est donc plus facile à traduire que Racine. Tacite doit l'être plus que Saluste. Saluste dit tout, mais en peu de mots ; mérite qu'une traduction a peine à conserver : Tacite sous-entend beaucoup, & fait penser ses lecteurs ; mérite qu'une traduction ne peut faire perdre.

Les écrivains qui joignent la finesse des idées à celle du style, offrent plus de ressources aux traducteurs ; que ceux dont l'agrément est dans le style.

Traduire un Poëte en prose, c'est mettre en récitatif un air mesuré ; le traduire en vers, c'est changer un air mesuré en un autre qui peut ne lui céder en rien, mais qui n'est pas le même : d'un côté, c'est une copie ressemblante, mais foible; de l'autre, un ouvrage sur le même sujet, plutôt qu'une copie.

En accordant aux écrivains créateurs le premier rang qu'ils méritent, il semble qu'un excellent traducteur doit être placé au-dessus des écrivains qui ont aussi bien écrit qu'on le peut faire, sans génie.

Les qualités qui doivent rendre estimable une traduction, est un air facile & naturel, l'empreinte du génie de l'original, & ce goût de terroir que la teinture étrangere doit lui donner.

Des traductions bien faites, sont un moyen sûr d'enrichir les langues.

On ne peut traduire un homme

de génie, si on ne le traduit pas vivement & d'enthousiasme.

De la Logique.

L'art de raisonner est un présent que la nature fait d'elle-même aux bons esprits; & on peut dire que les livres qui en traitent, ne sont guéres utiles qu'à celui qui peut se passer d'eux. On a fait un grand nombre de raisonnemens justes, long-tems avant que la logique, réduite en principes, apprît à démêler les mauvais, ou même à les pallier quelquefois par une forme subtile & trompeuse.

La logique froide & lente des esprits tranquilles, n'est pas celle des ames vivement agitées ; comme elles dédaignent de s'arrêter sur des sentimens vulgaires, elles sous-entendent plus qu'elles n'expriment;

elles s'élancent tout d'un coup aux sentimens extrêmes, semblables à ce Dieu d'Homere, qui fait trois pas & qui arrive au quatrieme.

Nous avons sur la logique des écrits sans nombre ; mais la science du raisonnement a-t-elle besoin de tant de régles ? Pour y réussir, il est aussi peu nécessaire d'avoir lu tous ces écrits, qu'il l'est d'avoir lu nos grands traités de morale pour être honnête-homme.

Toute la logique se réduit à une régle fort simple : pour comparer deux ou plusieurs objets éloignés les uns des autres, on se sert de plusieurs objets intermédiaires ; il en est de même quand on veut comparer deux ou plusieurs idées. L'art du raisonnement n'est que le développement de ce principe & des conséquences qui en résultent.

De la Critique.

SI la satyre & l'injure n'étoient pas aujourd'hui le ton favori de la critique, elle seroit plus honorable à ceux qui l'exercent, & plus utile à ceux qui en sont l'objet : on ne craindroit point de s'avilir en y répondant : on ne songeroit qu'à éclairer avec une candeur extrême & une estime réciproque ; la vérité seroit connue, & personne ne seroit offensé ; car c'est moins la vérité qui blesse, que la maniere de la dire.

Ce n'est pas seulement par leurs ouvrages qu'il faut mesurer les hommes, c'est en les comparant à leur siécle & à leur nation.

Les critiques de profession ont un

avantage dont ils ne s'apperçoivent peut-être pas eux mêmes, mais dont ils profitent, comme s'ils en connoissoient toute l'étendue; c'est l'oubli auquel leurs décisions sont condamnées, & la liberté que cet oubli leur laisse, d'approuver aujourd'hui ce qu'ils blâmoient hier, & de le blâmer de nouveau, pour l'approuver encore.

Si la critique est juste & pleine d'égards, vous lui devez des remercîmens & de la déférence; si elle est juste sans égards, de la déférence sans remercîmens; si elle est outrageante & injuste, le silence & l'oubli.

DE LA POLITIQUE.

LA politique est une espece de morale, d'un genre particulier & supérieur, à laquelle les principes de la morale ordinaire ne peuvent quelquefois s'accommoder qu'avec beaucoup de finesse; & qui, pénétrant dans les grands ressorts du gouvernement des états, démêle ce qui peut les conserver, les affoiblir ou les détruire, étude peut-être la plus difficile de toutes, par les connoissances qu'elle exige qu'on ait sur les peuples & sur les hommes, & par l'étendue & la variété des talens qu'elle suppose, surtout quand la politique ne veut pas oublier que la loi naturelle, antérieure à toutes les conventions particulieres, est aussi la premiere loi des peuples, & que pour être homme d'état, on ne doit pas cesser d'être homme.

DE LA MÉDECINE.

LA médecine systématique me paroît, & je ne crois pas employer une expression trop forte, un vrai fléau du genre humain. Des observations bien multipliées, bien détaillées, bien rapprochées les unes des autres, voilà ce me semble, à quoi les raisonnemens en médecine devroient se réduire. Je ne puis me défendre d'un mouvement d'indignation & de pitié, quand je me rappelle qu'un homme qui se faisoit appeller médecin, & qui avoit pensé me faire perdre un de mes amis, en rendant très-dangereuse une maladie très-légére, venoit au sortir delà, me *prouver* que la médecine étoit plus certaine que la géométrie.

Je ne prétends pas cependant qu'il n'y ait un art de guérir les hommes; je crois même cet art fort étendu dans la nature ; mais je le crois très-borné pour nous, soit parce que la nature s'obstine à nous cacher son secret, soit parce que nous ne sçavons pas l'interroger.

La nature est aux prises avec la maladie. Un aveugle armé d'un bâton, (c'est le médecin), arrive pour les mettre d'accord; il tâche d'abord de faire leur paix ; quand il ne peut en venir à bout, il leve son bâton sans sçavoir où il frappe ; s'il attrape la maladie, il tue la maladie; s'il attrape la nature, il tue la nature.

Le meilleur médecin n'est pas,

(comme le préjugé le suppose), celui qui accumule en aveugle & en courant, beaucoup de pratique; mais celui qui ne fait que des observations bien approfondies, & qui joint à ces observations le nombre beaucoup plus grand des observations faites dans tous les siécles, par des hommes animés du même esprit que lui. Ces observations sont la véritable expérience du médecin : elles lui offrent mille fois plus de faits que sa propre pratique ne peut lui en fournir ; & par conséquent elles exigent de lui, pour être étudiées, un tems que sa propre pratique ne doit pas absorber tout entier : il est pourtant vrai qu'il doit joindre cette pratique à la connoissance de celle des autres, comme il est nécessaire qu'un arpenteur joigne le travail des opérations sur le terrein, à l'étude de la géométrie dans les livres.

On a dit avec raison, que le médecin le plus digne d'être consulté, étoit celui qui croyoit le moins à la médecine.

DE LA JURISPRUDENCE.

EN médecine, les deux choses qu'il importe de connoître, sont souvent incertaines l'une & l'autre; le mal & le remede. En Jurisprudence, le remede est toujours donné par la loi; le genre du mal seul peut être équivoque.

Deux choses m'ont toujours fait peine dans nos loix criminelles françoises : la premiere, qu'il ne faille que deux témoins pour condamner à mort un accusé; cette loi suppose, ce me semble, qu'un honnête-homme ne peut jamais avoir deux ennemis : la seconde, que pour infliger la peine de mort, la pluralité de deux voix seulement soit suffisante. Une pluralité si peu considérable n'est-elle pas une preuve que le crime n'est pas avéré ? Et peut-on se résoudre à priver un homme de la vie, quand son crime n'est pas aussi clair que le jour ? Les auteurs d'une jurisprudence si sévére, auroient-ils pris pour principe, qu'il est moins dangereux de punir un innocent, que d'épargner un coupable ?

Chez la plûpart des peuples, la jurisprudence criminelle est encore dans son enfance.

Des Poëtes et de la Poésie.

Le style poétique, si on entend, comme on le doit, par ce mot un style plein de chaleur & d'images, n'a pas besoin, pour être agréable, de la marche uniforme & cadencée de la versification ; mais si on ne fait consister ce style que dans une diction chargée d'épithétes oisives, dans des peintures froides & triviales des aîles & du carquois de l'amour, & de semblables objets, la versification n'ajoutera presque aucun mérite à ces ornemens usés ; on y cherchera toujours en vain l'ame & la vie.

La difficulté vaincue est le grand mérite de la poésie, & la principale source du plaisir qu'elle nous cause. Ne seroit-ce pas par cette raison qu'il est rare de la lire de suite & sans dégoût, & que les charmes de la versification nous touchent moins à mesure que nous avançons en âge ?

Comme ce sont les poëtes qui ont formé les langues, c'est aussi l'harmonie de la poésie qui a fait naître celle de la prose.

La poésie qui n'employe pour l'imitation de la nature que les mots disposés suivant une harmonie agréable à l'oreille, parle plutôt à l'imagination qu'aux sens ; elle lui représente d'une maniere vive & touchante, les objets qui composent cet univers ; & semble plutôt les créer que les peindre par la chaleur qu'elle sçait leur donner.

Dans un ouvrage de poésie, on

doit parler tantôt à l'imagination, tantôt au sentiment, tantôt à la raison, mais toujours à l'organe. Les vers sont une espece de chant sur lequel l'oreille est si inéxorable, que la raison même est quelquefois contrainte de lui faire de légers sacrifices.

Tous les peuples sont sensibles à l'harmonie poétique, quoique leur poésie soit fort différente.

Une prose médiocre & naturelle est préférable à la poésie, qui, au mérite de l'harmonie, ne joint point celui des choses, surtout pour ceux qui sont sensibles aux beautés d'images, & qui n'en veulent que de neuves & de frappantes, encore doit-on leur préférer les beautés de sentiment, & surtout celles qui ont l'avantage d'exprimer d'une maniere noble & touchante, des vérités utiles aux hommes.

On ne sçauroit se dissimuler le peu d'accueil que fait notre siécle au déluge de vers dont on l'accable. Ceci ne regarde pas nos grands poëtes vivans ; leur génie, leur succès, la voix publique, les exceptent & les distinguent ; mais pour la foule qui se traîne à leur suite, la carriere est devenue d'autant plus dangereuse, que la plûpart des genres de poésie semblent successivement passer de mode. Le sonnet ne se montre plus, l'élégie expire, l'églogue est sur son déclin, l'ode même, l'orgueilleuse ode commence à décheoir ; la satyre enfin, malgré tous les droits qu'elle a pour être accueillie ; la satyre en vers nous ennuie, pour peu qu'elle soit longue ; nous l'avons mise plus à son aise, en lui permettant la prose ; c'est le seul genre de talent que nous ayons craint de décourager.

Ce qu'on appelle surtout *petits vers*, a prodigieusement perdu de faveur ; pour se résoudre à les lire, il faut être bien averti qu'ils sont excellens : j'en appelle à ceux de nos écrivains périodiques, qui ont pour objet de recueillir ou d'enterrer les pieces fugitives, & qui à ce titre doivent tous les mois un tribut de vers au Public. Combien de fois lui payent-ils cette redevance, sans qu'il daigne s'en appercevoir ?

La vraie poésie, celle qui seule mérite ce nom, dédaigne non-seulement les idées populaires & basses, mais même les idées riantes & agréables, si elles sont triviales & rebattues. Rien n'est plus plein de finesses & de vérités, que les fictions de la poésie ancienne ; mais rien n'est aujourd'hui plus usé que ces fictions.

Puisque la poésie est un art d'imagination, il n'y a plus de poésie dès qu'on se borne à répéter l'imagination des autres.

Ce qui fait le caractére de la poésie lyrique, c'est la grandeur & l'élévation des pensées : toute ode qui remplira cette condition, est assurée d'enlever les suffrages ; mais les pensées sublimes sont rares, & ne peuvent être suppléées, ni par la magnificence des mots, cette magnificence si pauvre, quand celle des choses n'y répond pas, ni par ce *beau désordre* qu'on n'a pu jusqu'ici bien définir, ni par des invocations triviales qui ne sont point éxaucées, ni par un enthousiasme de commande qui semble annoncer une foule d'idées & qui n'en produit pas une seule.

L'homme de goût est encore bien

plus difficile fur la diction dans les vers que dans la profe : il fe contente prefque dans celle-ci, d'un ftyle coulant & naturel, qui n'ait rien de bas ni de choquant ; il éxige de plus dans les vers, une expreffion noble & choifie fans être recherchée, une harmonie facile, & où la contrainte ne fe faffe point fentir ; il veut enfin que le poëte foit précis fans être décharné, naturel & aifé fans être froid & lâche, vif & ferré fans être obfcur. Il ne donne pas même le nom de poëte au verfificateur qui a fouvent rempli ces conditions, s'il ne les a pas remplies beaucoup plus fouvent qu'il ne les a violées ; & tel de nos écrivains qui a excellé dans la profe, qui a beaucoup penfé dans fes vers, qui en a fait beaucoup de bons, auroit doublé fa réputation, en jettant au feu les trois quarts de ſes poéſies, & en ne donnant le reſte que par fragmens.

Le même eſprit de ſageſſe, qui a préſidé à la formation de notre langue, a auſſi préſidé aux régles de notre poéſie françoiſe. Nous avons ſenti que la poéſie étant un art d'agrément, c'étoit en diminuer le plaiſir, que d'y multiplier les licences, comme ont fait dans la leur la plûpart des étrangers.

La grammaire des poëtes eſt auſſi rigoureuſe que celle des proſateurs : l'inverſion eſt rarement permiſe ; elle nous déplaît pour peu qu'elle ſoit extraordinaire ou forcée ; & celui qui a dit que le caractére de la poéſie françoiſe conſiſtoit dans l'inverſion, n'avoit apparemment jamais lu de vers, ou n'en avoit lu que de mauvais. Enfin nous croyons la rime auſſi indiſpenſable à nos vers, que la verſification à nos tragédies: que ce ſoit raiſon ou préjugé, il n'y a qu'un moyen d'affranchir nos poëtes de cet eſclavage, ſi c'en eſt un; c'eſt de faire des tragédies en proſe, & des vers ſans rimes, qui aient d'ailleurs aſſez de mérite pour autoriſer cette licence.

Le poëte qui n'eſt que peintre, traite ſes lecteurs comme des enfans de beaucoup d'eſprit. Le poëte de ſentiment, ou le poëte philoſophe, traite les ſiens comme des hommes.

Un poëte eſt un homme qu'on oblige de marcher avec grace les fers aux pieds; il faut bien lui permettre de chanceler quelquefois légérement.

De tous les genres de petites poëſies, l'ode eſt le plus rempli d'écueils: on y veut de l'inſpiration,

& l'inspiration de commande est bien froide ; on y veut de l'élévation, & l'enflure est à côté du sublime ; on y veut de l'enthousiasme, & en même tems de la raison, c'est-à-dire, non pas tout-à-fait, mais à peu-près les deux contraires.

Avec une oreille sensible & sonore, un choix heureux d'expressions, que le goût seul peut donner, & surtout des idées & de l'ame, on sera poëte lyrique ; c'est bien assez de conditions, sans y ajouter encore la tyrannie de quelques loix arbitraires.

DU GOUT.

C'EST faire une double injure aux belles-lettres & à la philosophie, que de croire qu'elles puissent réciproquement se nuire ou s'exclure. Tout ce qui appartient non-seulement à notre maniere de concevoir, mais encore à notre maniere de sentir, est le vrai domaine de la philosophie. Il seroit aussi déraisonnable de la reléguer dans les cieux, & de la restraindre au système du monde, que de vouloir borner la poésie à ne parler que des Dieux & de l'amour. Et comment le véritable esprit philosophique seroit-il opposé au bon goût ? Il en est au contraire le plus ferme appui, puisque cet esprit consiste à remonter en tout aux vrais principes, à reconnoître que chaque art a sa nature propre, chaque situation de l'ame son caractère, chaque chose son coloris ; en un mot à ne pas confondre les limites de chaque genre.

On demande si le sentiment est préférable à la discussion, pour juger un ouvrage de goût? L'impression est le juge naturel du premier moment; la discussion l'est du second. Dans les personnes qui joignent à la finesse & à la promptitude du tact, la netteté & la justesse de l'esprit; le second juge ne fera que confirmer les arrêts rendus par le premier.

En matiere de goût, les opinions établies depuis long-tems dans la république des lettres, sont toujours préférables aux singularités & aux prestiges de la nouveauté; cette maxime qu'on ne peut contester en général, pourvu cependant qu'une superstition aveugle n'en soit pas le fruit.

Nous avons tout à la fois plus de principes pour bien juger, & plus grand fond de lumieres, plus de bons juges, & moins de bons ouvrages que n'en avoient les Anciens.

Le goût, quoique peu commun, n'est point arbitraire : cette vérité est également reconnue de ceux qui réduisent le goût à sentir, & de ceux qui veulent le contraindre à raisonner ; mais il n'étend pas son ressort sur toutes les beautés dont un ouvrage de l'art est susceptible. Il en est de frappantes & de sublimes, qui saisissent également tous les esprits que la nature produit sans efforts, dont tous les esprits, tous les siécles & tous les peuples sont juges : il en est qui ne touchent que les ames sensibles, & qui glissent sur les autres beautés de ce genre, qui ne sont que du second ordre ; car ce qui est grand est préférable à ce qui est fin : elles sont cependant celles qui demandent le plus de sagacité pour être produites, & de délicatesse pour être senties ; aussi sont-elles plus fréquentes parmi les nations chez lesquelles les agrémens de la société ont perfectionné l'art de vivre & de jouir. Ce genre de beautés faites pour le petit nombre, est proprement l'objet du goût qu'on peut définir, *le talent de démêler dans les ouvrages de l'art ce qui doit plaire aux ames sensibles, & ce qui doit les blesser.*

Comme on a sçu réduire à un petit nombre de sensations l'origine de nos connoissances, on peut de même réduire les principes de nos plaisirs en matiere de goût, à un petit nombre d'observations incontestables sur notre maniere de sentir.

La justesse de l'esprit ne suffit pas dans cette analyse : ce n'est pas même encore assez d'une ame sensible & délicate, il faut de plus, s'il est permis de s'expliquer de la sorte, ne manquer d'aucuns des sens qui composent le goût.

Il ne suffit pas d'avoir tous les sens qui composent le goût ; il est encore nécessaire que l'éxercice de ce sens n'ait pas été trop concentré dans un seul objet.

Il est un enthousiasme froid & stupide, qui ne sent rien à force d'admirer tout ; espece de paralysie de l'esprit, qui nous rend incapable de goûter les beautés réelles ; cet enthousiasme n'est pas le goût.

C'est une erreur de transporter aux objets du goût des principes vrais en eux-mêmes, mais qui n'ont point d'application à ces objets.

Dans les matiéres de goût, une demi-philosophie nous écarte du vrai, & une philosophie mieux entendue nous y ramene.

DE L'ÉLOQUENCE.

L'ÉLOQUENCE, fille du génie & de la liberté, est née dans les républiques. Les orateurs ont appliqué d'abord aux grands objets du gouvernement le talent de la parole; & comme dans ces occasions il falloit en même tems convaincre & remuer le peuple, ils appellèrent l'éloquence, l'art de persuader, c'est-à-dire de prouver & d'émouvoir tout ensemble...... Cette définition que les Anciens ont laissé, est incomplette. Combien de traits vraiment éloquens, n'ont pour but que d'émouvoir & nullement de convaincre. Il est plus vrai & plus juste de dire que l'éloquence est le talent de faire passer avec rapidité, & d'imprimer avec force dans l'ame des autres, le sentiment profond dont on est pénétré. Cette définition convient à l'éloquence même du silence; langage énergique, & quelquefois sublime des grandes passions; à l'éloquence du geste, qu'on peut appeller l'éloquence du peuple, par le pouvoir qu'elle a pour subjuguer la multitude toujours plus frappée de ce qu'elle voit que de ce qu'elle entend; enfin à cette éloquence adroite & tranquille, qui se borne à convaincre sans émouvoir, & qui ne cherche point à arracher le consentement, mais à l'obtenir. Cette derniere éloquence n'est peut-être pas la moins puissante; on est moins en garde contre l'insinuation que contre la force.

Le propre de l'éloquence eſt non-ſeulement de remuer, mais d'élever l'ame; c'eſt l'effet même de celle qui ne paroît deſtinée qu'à nous arracher des larmes: le pathétique & le ſublime ſe tiennent; en ſe ſentant attendri, on ſe trouve en même tems plus grand, parce qu'on ſe croit meilleur: la triſteſſe délicieuſe & douce, que produiſent en nous un diſcours, un tableau touchant, nous donne bonne opinion de nous-même, par le témoignage qu'elle nous rend de la ſenſibilité de notre ame.

L'éloquence eſt un talent & non un art; car tout art s'acquiert par l'étude & par l'éxercice; & l'éloquence eſt un don de la nature. Les régles ne ſont deſtinées qu'à être le frein du génie qui s'égare, & non le flambeau du génie qui prend l'eſsor. Leur unique usage est d'empêcher que les traits vraiment éloquens ne soient défigurés par d'autres, ouvrage de la négligence ou du mauvais goût.

On rend avec netteté ce que l'on conçoit bien ; de même on rend avec chaleur ce que l'on sent avec enthousiasme ; & les mots viennent aussi aisément pour exprimer une émotion vive, qu'une idée claire.

Ce sont les plus beaux endroits des ouvrages de génie qui leur ont le moins coûté, parce qu'ils ont été inspirés en les produisant.

L'éloquence dans les livres est à peu-près comme la musique sur le papier : elle est muette, nulle & sans vie ; elle y perd du moins sa plus grande force, & elle a besoin de l'action pour se déployer.

Non-seulement il faut sentir pour

être éloquent, mais il ne faut pas même sentir à demi, comme il ne faut pas sentir à demi pour s'énoncer avec clarté. Pleurez, si vous voulez me tirer des pleurs ; tremblez & frémissez, si vous voulez me faire trembler & frémir.

Notre ame a deux ressorts par lesquels on la met en mouvement ; le sentiment & l'imagination. Le premier de ces deux ressorts a sans doute le plus de force ; mais l'imagination peut quelquefois en jouer le rôle, & en tenir la place.

L'imagination ne supplée jamais au sentiment par l'impression qu'elle fait sur nous-même, mais elle peut y suppléer par l'impulsion qu'elle donne aux autres. L'effet du sentiment en nous est plus concentré ; celui de l'imagination est plus fait pour se répandre au dehors ; l'action de celle ci est plus violente & plus courte ; celle du sentiment est plus forte & plus constante.

Si l'effet de l'éloquence est de faire passer dans l'ame des autres le mouvement qui nous anime, il s'ensuit que plus le discours sera simple dans un grand sujet, plus il sera éloquent, parce qu'il représentera le sentiment avec plus de vérité.

L'éloquence ne consiste pas à dire les grandes choses d'un style sublime, mais d'un style simple. C'est affoiblir une grande idée, que de chercher à la relever par la pompe des paroles.

L'expression même la plus précise, perd de son mérite, dès que la recherche nous fait sentir que l'auteur s'est occupé de lui, & a voulu nous en occuper ; & dès-lors il a d'autant moins de droit à notre suffrage que nous l'accordons toujours le plus tard & le moins qu'il nous est possible. L'affectation du style nuit d'ailleurs à l'expression du sentiment; par conséquent à la vérité.

Les traits vraiment éloquens sont ceux qui se traduisent avec le moins de peine, parce que la grandeur de l'idée subsiste toujours sous quelque forme qu'on la présente, & qu'il n'est pas de langue qui se refuse à l'expression naturelle & simple d'un sentiment sublime.

Tous les hommes ont le même fond de pensées communes, que l'homme ordinaire exprime sans agrément, & l'homme d'esprit avec grace; une grande idée n'appartient qu'aux grands génies : les esprits médiocres ne l'ont que par emprunt; ils montrent même par les ornemens qu'ils lui prêtent, qu'elle n'étoit point chez eux dans son terroir naturel, & qu'elle s'y trouvoit dénaturée & transplantée.

L'éloquence ne consiste proprement que dans des traits vifs & rapides : son éloquence est d'émouvoir vivement ; & toute émotion s'affoiblit par la durée. L'éloquence, proprement dite, ne peut donc régner que par intervalle, dans un discours de quelque étendue : l'éclair part, & la nue se referme ; mais si les ombres du tableau sont nécessaires, elles ne doivent pas être trop fortes : il faut sans doute à l'orateur & à l'auditeur des endroits de repos ; mais dans ces endroits, l'auteur doit respirer, & ne pas s'endormir ; & c'est aux charmes de l'élocution à le tenir dans une situation douce & agréable.

Il vaut mieux être incorrect que d'être froid.

L'éloquence qui n'est pas pour le grand nombre, n'est pas de l'éloquence.

L'obscurité consiste à ne point offrir de sens net à l'esprit ; la finesse, à en présenter deux, un clair & simple pour le vulgaire, un plus adroit & plus détourné, que les gens d'esprit apperçoivent & saisissent.

C'est aux gens d'esprit à juger l'orateur, & à la multitude à lui obéir.

Il en est du style comme du caractére ; la grandeur & la finesse y sont incompatibles.

La propriété des termes est le caractére distinctif des grands écrivains ; c'est par-là que leur style est toujours au niveau de leur sujet ; c'est c'est à cette qualité qu'on reconnoît le vrai talent d'écrire, & non à l'art futile de déguiser par un vain coloris des idées communes.

De la propriété des termes, naissent la précision, l'élégance & l'énergie; la précision dans les matieres de discussion, l'élégance dans les sujets agréables, l'énergie dans les sujets grands & pathétiques.

Deux choses charment l'oreille dans le discours; le son & le nombre; le son, par la qualité des mots, le nombre, par leur arrangement.

Le style serré, quand il n'est pas d'ailleurs ni décousu ni obscur, a le premier de tous les mérites, celui de rendre le discours semblable à la marche de l'esprit, & à cette opération rapide, par laquelle des intelligences se communiqueroient leurs idées. Il arrive souvent d'être aussi obscur en fuyant la briéveté, qu'en la cherchant.

La briéveté ne consiste pas à omettre des idées nécessaires, mais à ranger chaque idée à sa place, & à la rendre par le terme convenable ; par ce moyen le style aura le double avantage d'être concis sans être fatigant, & développé sans être lâche.

Le point essentiel pour bien écrire, est d'être riche en idées.

Les hommes, en se communiquant leurs idées, cherchent aussi à se communiquer leurs passions : c'est par l'éloquence qu'ils y parviennent ; faites pour parler au sentiment, comme la logique & la grammaire parlent à l'esprit, elle impose silence à la raison même ; & les prodiges qu'elle opere souvent entre les mains d'un seul sur toute une nation, sont peut-être le témoignage le plus éclatant de la supériorité d'un homme sur un autre.

On ne sçauroit rendre la langue de la raison trop simple & trop populaire : non seulement c'est un moyen de répandre la lumiere sur un plus grand espace, c'est ôter encore aux ignorans un prétexte de décrier le sçavoir.

Pour être éloquent, même sans aspirer à cette gloire, il ne faut à un génie élevé que de grands objets. Descartes & Newton, ces deux législateurs dans l'art de penser, que je ne prétends pas mettre au rang des orateurs, sont éloquens, lorsqu'ils parlent de Dieu, du tems & de l'espace. En effet, ce qui nous éleve l'esprit ou l'ame, est la matiere propre de l'éloquence, par le plaisir que nous ressentons à nous voir grands.

Rien n'est plus favorable à l'éloquence, que les vérités de la Religion : elles nous offrent le néant & la dignité de l'homme ; mais plus un sujet est grand, plus on éxige de ceux qui le traitent ; & les loix de l'éloquence de la chaire compensent par leur rigueur les avantages de l'objet. Presque tout est écueil en ce genre ; la difficulté d'annoncer d'une maniere frappante, & cependant naturelle, des vérités que leur importance a rendus communes ; la forme séche & didactique, si ennemie des grands mouvemens & des grandes idées ; l'air de prétention & d'apprêt, qui décéle un orateur plus occupé de lui même que du Dieu qu'il représente ; enfin le goût des ornemens frivoles, qui outragent la majesté du sujet. Des différens styles qu'admet l'éloquence profane, il n'y a proprement que le style simple qui convienne à celle de la chaire ; le sublime doit toujours être dans le sentiment ou dans la pensée, & la simplicité dans l'expression.

DE L'HISTOIRE.

JE ne sçais par quelle raison on est convenu presque généralement de réduire l'histoire à une espece de gazettes renforcées, éxacte pour les faits & le style. On prétend que l'histoire doit s'abstenir de réflexions & les laisser faire à ceux qui les lisent. Pour moi, je crois que le vrai moyen de suggérer des réflexion aux lecteurs, c'est d'en faire : tout consiste à sçavoir les ménager, les présenter avec art, les lier de maniere au sujet, qu'elles augmentent l'intérêt, au lieu de le refroidir. En un mot, les réflexions me paroissent aussi essentielles pour rendre l'histoire agréable, pour fixer les faits dans la mémoire, que les démonstrations de géométrie, pour fixer dans l'esprit l'énoncé des propositions.

L'incertitude des faits qui se passent sous nos yeux, doit rendre très-suspect le développement prétendu de quelques intrigues secrettes & anciennes, dont l'histoire auroit peut-être été écrite fort confusément par les principaux acteurs.

Les historiens sont comme les commentateurs, très diffus sur ce qu'on ne leur demande pas, & muets sur ce qu'on voudroit sçavoir.

Pour le commun des lecteurs, l'histoire est l'aliment de sa curiosité, ou le soulagement de l'ennui ; pour lui, elle n'est qu'un recueil d'expériences morales faites sur le genre humain ; recueil qui seroit plus court & plus complet, s'il n'eût été fait que par des sages ; mais qui, tout informe qu'il est, renferme encore les plus grandes leçons, comme le recueil des observations médicinales de tous les âges, toujours augmenté & toujours imparfait, forme néanmoins la partie la plus essentielle de l'art de guérir.

Il est aussi facile à des hommes ignorans, inattentifs, ou prévenus, de se tromper sur des faits, que sur des opinions.

On ne peint pas les hommes, quand on les peint sans foiblesse. Oter au vrai mérite quelques taches légéres, c'est peut-être lui faire tort; & c'est souvent en faire à la vérité.

L'étude réfléchie de l'histoire, étude si importante & si difficile, consiste à combiner de la maniere la plus parfaite, les matériaux défectueux. Tel seroit le mérite d'un architecte, qui, sur des ruines sçavantes, traceroit de la maniere la plus vraisemblable, le plan d'un édifice antique, en suppléant par le génie & par d'heureuses conjectures, ce qu'elles auroient d'informe & de tronqué.

La science de l'histoire, quand elle n'est pas éclairée par la philosophie, est la derniere des connoissances humaines; l'étude en seroit plus intéressante, si on eût un peu plus écrit l'histoire des hommes, & un peu moins celle des Princes, qui n'est dans sa plus grande partie que les fastes du vice & de la foiblesse; c'est bien pis, quand on y mêle une multitude de faits encore moins dignes d'être connus.

Les sages devroient être seuls en droit de peindre les hommes, comme de les gouverner ; l'histoire & les hommes en vaudroient mieux.

Il est des lecteurs qui ne sont difficiles, ni sur le fond, ni sur le style de l'histoire ; ce sont ceux dont l'ame froide & sans ressorts, plus sujette au désœuvrement qu'à l'ennui, n'a besoin ni d'être remuée, ni d'être instruite, mais seulement d'être assez occupée pour jouir en paix de son éxistence, ou plutôt, si on peut parler ainsi, pour la dépenser sans s'en appercevoir : ils se repaissent de ce qui s'est passé avant eux, à peu près comme la partie oisive du peuple se repaît de ce qui arrive autour d'elle. Le commun des lecteurs met à l'histoire la même espece de curiosité, avec aussi peu d'intérêt ; cette occupation les fait vivre sans dégoût & sans fatigue tout à la fois, parce qu'elle les délivre de l'embarras d'être, sans leur donner celui de penser.

Bien loin que l'histoire doive être dédaignée du philosophe, c'est au philosophe seul qu'elle est véritablement utile : cependant il est une classe d'hommes, à qui elle est plus profitable encore ; c'est la classe respectable & infortunée des Princes : ils ne voyent jamais les hommes que sous le masque ; ces hommes, qu'il leur est pourtant si essentiel de connoître. L'histoire au moins les leur montre en tableau, & sous la figure humaine ; & le portrait des peres leur crie de se méfier des enfans.

Un écrivain, à peine d'être convaincu, ou tout au moins soupçonné de mensonge, ne devroit jamais donner au public l'histoire de son tems; comme un journaliste ne devroit jamais parler des livres de son pays; s'il ne veut courir le risque de se deshonorer par ses éloges ou par ses satyres.

Un Souverain, qui, en montant sur le trône, défendroit, pour fermer la bouche aux flatteurs, qu'on publiât son histoire de son vivant, se couvriroit de gloire par cette défense: il n'auroit à craindre, ni ce que la vérité oseroit lui dire, ni ce qu'elle pourroit dire de lui; elle le loüeroit après l'avoir éclairé, & il jouiroit d'avance de son histoire qu'il ne voudroit pas lire.

Il est une maniere de présenter l'histoire, moins austere à la vérité que celle des abrégés chronologiques, mais qui, en laissant à l'écrivain plus de liberté, lui donne aussi plus de licence; c'est l'histoire universelle & abrégée, où l'auteur, sans détailler les faits, en offre le résumé général, rend ce résumé intéressant par les réfléxions qu'il y joint, en un mot met sous les yeux du lecteur un tableau réduit & colorié des événemens, chargé de figures peintes en raccourci, mais animées. Heureux l'historien, si dans ce genre d'écrire séduisant, mais dangereux, tandis que l'éloquence anime sa plume, la philosophie le conduit : si les faits ne reçoivent point leur teinture de la maniere de penser, particuliere à l'écrivain ; si cette teinture ne leur donne pas une couleur fausse & monotone ; s'il ne rend pas son tableau infidéle, en voulant le rendre brillant, confus, en voulant le rendre riche, fatigant, en voulant le rendre rapide !

De toutes les façons d'écrire l'histoire, celle qui mérite peut être le plus de confiance, par la simplicité qui en doit être l'ame, est celle des mémoires particuliers & des lettres. Négligence de style, désordre, longueurs, petits détails, tout s'y pardonne, pourvu que l'air de vérité s'y trouve; & cet air de vérité ne peut guéres manquer d'y être, si l'auteur des mémoires a été acteur ou témoin, s'il ne les a point écrits pour être publiés de son vivant, & surtout si les lettres n'ont point été faites pour être données au public ; car malheur aux lettres qui ne sont écrites à personne qu'à ceux qui doivent les lire imprimées.

Au risque d'essuyer quelques fines plaisanteries de la part de ceux qui rejettent d'avance tout ce qui ne reſſemble pas à ce qu'ils connoiſſent, oſerois-je propoſer ici une maniere d'enſeigner l'hiſtoire, dont j'ai déjà touché un mot ailleurs, & qui auroit, ce me ſemble beaucoup d'avantage: ce ſeroit de l'enſeigner à rebours, en commençant par les tems les plus proches de nous, & finiſſant par les tems les plus reculés. Le détail, & ſi on peut parler ainſi, le volume des faits décroîtroient à meſure qu'ils s'éloigneroient, & qu'ils ſeroient par conſéquent moins certains & moins intéreſſans. Un tel ouvrage ſeroit fort utile, ſurtout aux enfans, dont la mémoire ne ſe trouveroit point ſurchargée d'abord par des faits & des noms barbares, & rebutée d'avance ſur ceux qu'il leur importe de ſçavoir; ils n'apprendroient pas les noms de Dagobert & de Chilperic; avant ceux de Henri IV, & de Louis XIV.

Des Lettres et des Gens de Lettres.

Les lettres ne peuvent être dignement protégées que par les Rois ou par elles-mêmes.

La culture des lettres est un des moyens les plus infaillibles d'assurer la tranquillité des monarchies, par une raison qui peut rendre au contraire cette même culture nuisible aux républiques, quand elle y est poussée trop loin; c'est que l'attrait qui l'accompagne, isole pour ainsi dire les hommes, & les rend froids sur tout autre objet.

Sans les aimer, on protége quelquefois les sçavans ; & l'intérêt, ou la vanité les rend aisément dupes sur les motifs des égards qu'on a pour eux.

Les gens de lettres, comme le peuple, tiennent compte aux Princes des moindres bienfaits ; &, ce qui est assez remarquable dans l'histoire de l'esprit & du cœur humain, le titre de pere des lettres semble avoir plus contribué à faire oublier les fautes innombrables de François premier, que le nom bien plus respectable de pere du peuple n'a servi à effacer celles de Louis XII.

Il n'est pas étonnant que la société des grands ait une espece d'attrait pour les gens de lettres. L'utilité réelle ou apparente qu'ils peuvent retirer d'un tel commerce, se prévoit assez ; & les inconvéniens au contraire ne peuvent être connus que par l'ufage de ce commerce même.

Le premier avantage que les gens de lettres trouvent à fe répandre dans le monde, c'éft que leur mérite eft, finon plus connu, au moins plus célébré, & qu'ils font jugés à un autre tribunal qu'à celui de leurs rivaux.

Il en eft du mérite d'un homme, comme de fes ouvrages; perfonne ne peut mieux les juger que lui, parce que perfonne ne les a vus de plus près & plus long-tems.

Les gens de lettres cherchent principalement à mettre dans leurs intérêts ceux d'entre les grands, qui, fans fe livrer entiérement à la profeffion, les cultivent à un certain point; mais qui ne fongent à faire dépendre de leurs talents, ni leur confidération, ni leur fortune. Engagés dans une carriere différente, on n'a point à craindre que leurs regards soient trop pénétrans : on leur trouve précisément le dégré de lumiere que l'amour-propre peut défirer pour son repos. Néanmoins, comme cette espece de demi-connoisseurs est encore assez rare parmi les grands, on ne se borne pas à briguer les éloges de ceux qui paroissent les plus éclairés ; on est flatté d'en envahir de toute espece ; parce qu'on espere que ceux qui les accordent, étant plus répandus, leur approbation entraînera une foule de prôneurs. Les suffrages de cette troupe subalterne flatteroient peu, s'ils étoient isolés ; mais décorés par les suffrages principaux, non-seulement ils font nombre, mais ils acquiérent même une sorte de prix. L'amour-propre, avide de gloire, cherche à se concilier ceux d'entre les grands qui ont le plus de ces sortes d'échos à leurs ordres : une vanité moins délicate, se contente de pouvoir placer, un ou deux grands noms dans la liste de ses approbateurs.

L'anarchie qui détruit les états politiques, soutient au contraire, & fait subsister la république des lettres ; à la rigueur, on y souffre quelques magistrats, mais on n'y veut point de Rois.

Les gens de lettres d'un certain ordre, s'avilissent en répondant aux satyres : ils sont toujours blâmés par ce Public même, qui, dans son oisiveté maligne, prend quelquefois plaisir aux traits qu'on lance contre eux.

Quand je considere l'empire littéraire, je crois voir une place publique, où une foule d'empiriques, montés sur des tréteaux, appellent les passans, & en imposent au peuple, qui commence par rire, & qui finit par être leur dupe.

La réputation de certains hommes de lettres, mise en parallele avec leurs ouvrages & leurs personnes, est quelquefois pour bien des gens un phénomène extraordinaire, qu'ils ne tentent pas d'expliquer, mais qu'ils se croyent obligés d'admettre par respect, pour ce qu'ils appellent le Public.

Ecrivez, peut-on dire à tous les gens de lettres, comme si vous aimiez la gloire; conduisez-vous, comme si elle vous étoit indifférente.

Les érudits font une nation jusqu'ici assez peu connue, peu nombreuse, peu commerçante, & qui certainement n'en est pas plus blâmable. Plusieurs ne sont encore que du seizieme siécle, & ont le bonheur de ne pas connoître le nôtre. Nos physiciens & nos géométres ne feroient-ils pas bien de vivre comme eux ? Leur travail en profiteroit, ils feroient moins de bruit, & n'en seroient peut-être que meilleurs.

Le seul motif qui puisse autoriser un homme de lettres à renoncer à son pays, ce sont les cris de la superstition élevés contre ses ouvrages, & les persécutions tantôt sourdes, tantôt ouvertes qu'elle lui suscite. Quoique redevable de ses talens à ses compatriotes, il l'est encore plus à lui-même de son bonheur.

Le moyen le plus sûr qu'ayent les gens de lettres de se faire respecter, est de vivre unis, s'il leur est possible, & presque renfermés entre eux;

par cette union, ils parviendroient sans peine à donner la loi au reste de la nation sur les matieres de goût & de philosophie ; puissent-ils croire que la véritable estime est celle qui est distribuée par des hommes dignes d'être estimés eux-mêmes ; que la charlatanerie enfin est une farce qui dégrade le spectateur & l'acteur, & que la soif de la réputation & des richesses est une des choses qui contribueront le plus parmi nous à la décadence des lettres.

Les grands talens n'ont besoin pour se développer d'aucun autre principe que l'impulsion de la nature. C'est elle, & non la fortune qui force un grand homme à l'être.... En fait de talens & de génie, la nature se plaît, pour ainsi dire, à ouvrir de tems en tems des mines qu'elle referme ensuite absolument

& pour plusieurs siécles. Elle se joue également de l'injustice de la fortune, & de celle des hommes; elle produit des génies rares au milieu d'un peuple barbare, comme elle fait naître des plantes précieuses chez des peuples sauvages qui en ignorent la vertu.

Il est une espece de Mécenes, qui ont pour maxime, qu'un homme de lettres doit être pauvre. La raison qu'ils en donnent est que la nécessité aiguise le génie, & que l'opulence l'engourdit, & en affoiblit l'éxercice; mais leur véritable motif est d'avoir par ce moyen une cour plus nombreuse, & plus de bouches pour les flatter.

Les Romains disoient; du pain & des spectacles; qu'il seroit à souhaiter que tous les gens de lettres eussent le courage de dire du pain

& la liberté ! je parle de liberté, non-seulement dans leurs personnes, mais aussi dans leurs écrits ; je ne la confonds pas avec cette licence condamnable, qui attaque ce qu'elle devroit respecter : le vrai courage est celui qui combat les ridicules & les vices, ménage les personnes, & obéit aux loix. Liberté, vérité, & pauvreté ; (car quand on craint cette derniere, on est bien loin des deux autres) ; voilà trois mots que les gens de lettres devroient toujours avoir devant les yeux, comme les Souverains celui de *postérité*.

Il est très-singulier, que des gens de lettres, faits pour étudier, pour connoître & pour fixer la langue, soient presque tacitement convenus entr'eux de prendre sur ce point la loi des grands à qui ils devroient la donner. Dans le tems que notre
langue

langue n'étoit encore, grace aux tribunaux d'esprit, qu'un mêlange bizarre de bas & de précieux, les grands écrivains la devinoient, pour ainsi dire, en proscrivant de leurs ouvrages, les tours & les mots qu'ils sentoient devoir bientôt vieillir : c'est ce que Pascal a fait dans ses *Provinciales*, ouvrage qu'on croiroit de nos jours, quoique composé il y a cent ans. Aujourd'hui que notre langue se dénature & se dégrade, les grands écrivains la devineroient de même, en proscrivant de leurs écrits le ramage éphémere de nos sociétés. Peut-être deviendra-t-il enfin si ridicule, que les auteurs se trouveront plus ridicules encore de l'avoir adopté, & qu'ils en reviendront au vrai & au simple: peut-être aussi cet heureux tems ne reviendra-t-il jamais. Il y a bien

L

de l'apparence que ce font des circonstances pareilles qui ont corrompu sans retour la langue du siécle d'Auguste.

Les Princes font pour l'ordinaire beaucoup plus loués durant leur vie qu'après leur mort; la plûpart des gens de lettres ont un fort contraire : tant qu'ils respirent, on les critique ou on les oublie, selon qu'ils se distinguent ou qu'ils demeurent confondus dans la foule ; mais on les célébre presque tous, dès qu'ils ne sont plus : il n'est pas même rare de voir les mânes d'un écrivain illustre, encensés par les mêmes plumes qui l'avoient déchiré de son vivant, & qui semblent destinées à se déshonorer également par leurs satyres & par leurs éloges,

Si les Anciens qui élevoient des statues aux grands hommes, avoient eu le même soin que nous d'écrire la vie des gens de lettres, nous serions plus instruits sur les progrès des sciences & des arts, & sur les découvertes de tous les âges; histoire pour nous plus intéressante que celle d'une foule de Souverains qui n'ont fait que du mal aux hommes.

C'est par les actions qu'il faut louer ceux qui le méritent; l'éloge d'un homme de lettres doit donc être le récit de ses travaux.

Beaucoup de personnages célébres ont fait après leur mort, la gloire de leur nation qui les avoit oubliés pendant leur vie.

Les vrais talens reconnoissent de bonne heure leur objet, & le saisissent.

Les ouvrages d'un grand génie, ou d'un savant illustre, fixent assez par eux-mêmes le jugement qu'on doit porter de ses talens; mais le spectacle de sa conduite, de ses mœurs, de ses foiblesses mêmes, est une école de philosophie : surtout, quelle instruction ne peut-on pas en retirer, lorsque, par son caractére & sa façon de penser, il a mérité de servir de modele à ceux qui courent la même carriere?

On l'a dit il y a long-tems, la gloire & l'intérêt, quelquefois tous les deux ensemble, quelquefois l'un aux dépens de l'autre, sont les deux grands ressorts qui font mouvoir les hommes; & les gens de lettres ne sont pas exempts de payer le tribut de l'humanité.

Quoique les travaux des gens de lettres menent rarement à la fortune, plusieurs d'entr'eux ne laissent pas de s'y méprendre, & de s'engager dans une carriere si noble, par un motif qui ne l'est pas.

Quelques-uns d'eux semblent avoir renoncé à l'intérêt : sacrifice médiocre, lorsqu'ils n'ont aucun desir à satisfaire ; mais ils n'en sont ordinairement que plus vifs sur cet amour de la réputation, qui, selon l'expression de Tacite, est la derniere passion des sages. En vain se représentent-ils que le nombre des bons juges est petit : il leur suffit de penser que le nombre des juges est grand ; & par une contradiction dont ils ont peine à se rendre raison, ils sont avides de la réunion de ces suffrages, dont chacun en particulier, si on en excepte quelques-uns, ne les flatteroit nullement. Heureux quand ils ne travaillent pas à se les procurer par les manœuvres & par les intrigues !

Les sçavans sont sujets à deux grandes maladies ; à un amour-propre si délicat, qu'il les met au supplice ; ou à une basse jalousie, qui les dégrade.

On doit regretter le tems où les gens de lettres, moins répandus & moins distraits, vivoient davantage entr'eux : comme ils avoient moins intérêt de se nuire, ils étoient plus unis, & par conséquent plus respectés ; leur société n'avoit pas les mêmes agrémens qui la font rechercher aujourd'hui ; mais la politesse ne se perfectionne que trop souvent aux dépens des mœurs : la charlatanerie, qu'on me permette ce terme, si commune & si hardie maintenant, l'étoit alors beaucoup moins ; parce qu'elle étoit moins sûre de réussir ; ce n'est pas que le commerce du monde ne soit nécessaire aux gens de lettres, surtout à ceux qui travaillent pour plaire à leur siécle, ou pour le peindre; mais ce commerce devenu général & sans choix, est aujourd'hui pour eux, ce que la découverte du nouveau monde a été pour l'Europe; il est fort douteux qu'il leur ait autant fait de bien que de mal.

Il est plus aisé aux gens de lettres de ne pas vivre avec la plûpart des grands, que d'être avec eux à leur place, sans se dégrader & sans se compromettre : ils doivent fuir surtout ceux dont l'orgueil perce à travers leur accueil même. Il est cependant des grands, d'une société simple & aimable, qui cultivent sans prétention les sciences & les beaux arts, qui les aiment sans vanité, & qui, s'il est permis de parler le langage du tems, ne font point servir leur naissance & leurs titres de sauve-garde à leur esprit.

Les philosophes ne parlent guéres des affaires d'Etat & des Princes, que pour médire de ceux qui gouvernent; quelquefois mal-à-propos & toujours inutilement.

L'histoire des écrivains célébres n'est que celle de leurs pensées & de leurs travaux ; & cette partie de leur éloge en est la plus essentielle & la plus utile.

La vie sédentaire & obscure de la plûpart des gens de lettres, offre pour l'ordinaire peu d'événemens, surtout quand leur fortune n'a pas répondu à ce qu'ils avoient mérité par leurs travaux.

Les ouvrages pleins de vérités hardies & utiles, dont le genre humain est de tems en tems redevable au courage de quelques hommes de lettres, sont aux yeux de la postérité la gloire du gouvernement qui les protége, la censure de ceux qui ne sçavent pas les encourager, & la honte de ceux qui les proscrivent.

Les dissertations qui ont été faites pour justifier Christine de l'assassinat de Monaldeschi, sont de tristes monumens de la flatterie des gens de lettres envers les Rois, la honte de leurs auteurs, sans être l'apologie de celle qui en fut l'objet.

Un Prince a tant d'intérêt d'aimer & de favoriser les lettres, qu'il est moins fait que personne pour tourner en ridicule ceux qui les cultivent ; c'est un soin qu'il faut leur laisser, & dont par malheur ils ne s'acquittent que trop bien.

La Religion doit aux lettres & à la philosophie, l'affermissement de ses principes ; les Souverains, l'affermissement de leurs droits combattus & violés dans les siécles d'ignorance ; les peuples, cette lumiere générale qui rend l'autorité plus douce, & l'obéissance plus fidelle.

Le rôle des gens de lettres est après celui des gens d'église, le plus difficile à jouer dans le monde. L'un de ces deux états marche continuellement entre l'hypocrisie & le scandale ; l'autre entre l'orgueil & la bassesse.

Les gens de lettres à qui le commerce du monde ne peut être d'aucune utilité pour les objets de leurs études, doivent se borner à des sociétés, où ils trouvent dans la douceur de la confiance & de l'amitié, un délassement nécessaire. A quoi serviroient à un philosophe nos conversations frivoles, sinon à lui rétrécir l'esprit, & à le priver d'excellentes idées qu'il pourroit acquérir par la méditation, & par la lecture.

Ceux qu'on appelle beaux esprits, pour peindre les hommes dans un ouvrage d'imagination, ont besoin de les connoître. Faits comme ils sont, on ne doit pas se flatter de les deviner; tant pis du moins pour ceux qui les devinent. Le commerce du monde est donc absolument nécessaire à cette portion des gens de lettres, qui se chargent de leurs portraits; mais il seroit à souhaiter du moins qu'ils fussent simples spectateurs dans cette société forcée, & spectateurs assez attentifs pour n'avoir pas besoin de retourner trop souvent à une comédie qui n'est pas toujours bonne à revoir, qu'ils assistassent à la piéce comme le parterre qui juge les acteurs, & que les acteurs n'osent insulter.

Les gens de lettres sont non-seulement supérieurs aux autres hommes par les lumieres, mais ils sont aussi en général moins vicieux dans leurs sentimens & dans leurs procédés. Comme leurs désirs sont plus bornés, ils sont un peu plus délicats sur les moyens de les satisfaire, & un peu plus reconnoissans de ce qu'on fait pour eux ; car moins la reconnoissance a de devoirs à remplir, plus elle est scrupuleuse à s'en acquitter. Fouquet fut abandonné dans sa disgrace de tous ceux qui lui devoient leur fortune. Deux hommes de lettres lui resterent ; La Fontaine & Pellisson.

Le monde littéraire peut se diviser en érudits, philosophes & beaux esprits. Ces trois especes de républiques n'ont pour l'ordinaire rien de commun, que de faire assez peu de cas les unes des autres : le poëte & le philosophe se traitent mutuellement d'insensés qui se repaissent de chimeres. L'un & l'autre regardent l'érudit comme une espece d'avare qui ne pense qu'à amasser sans jouir, & qui entasse sans choix les métaux les plus vils avec les plus précieux ; & l'érudit qui ne voit que des mots par-tout où il ne lit point des faits, méprise le poëte & le philosophe comme des gens qui se croyent riches, parce que leur dépense excede leurs fonds.

A mérite égal, un érudit doit être beaucoup plus vain qu'un philosophe, & peut-être qu'un poëte; car l'esprit qui invente est toujours mécontent de ses progrès, parce qu'il voit au-delà; & les plus grands génies trouvent souvent dans leur amour-propre même un juge secret, mais sévére, que l'approbation des autres fait taire pour quelques instans, mais qu'elle ne parvient jamais à corrompre.

Les personnages illustres, souvent trop au-dessus de leur siécle, travaillent presque toujours en pure perte pour leur siécle même; c'est aux âges suivans qu'il est réservé de recueillir le fruit de leurs lumieres.

Tel a été le triste sort d'une multitude d'hommes célébres : on les insulte, on les déchire, on les tourmente de leur vivant, on leur rend justice quand ils ne sont plus en état d'en jouir. Rarement même entrevoient-ils à travers les nuages que l'envie répand autour d'eux la justice tardive & inutile que la postérité leur prépare : la satyre est pour leur personne, & la gloire pour leurs cendres.

La considération & l'estime sont le prix auquel les gens de lettres aspirent : ils mentent quand ils affectent de le dédaigner ; mais si on demande à la plûpart d'entr'eux quel fruit ils ont tirés de leurs veilles ; leur réponse peu consolante nous apprendra, que pour connoître les inconvéniens secrets d'une profession, il faut s'adresser à ceux qui l'éxercent, & non pas à ceux qui ne font que s'en amuser.

La passion de l'étude, ainsi que toutes les autres, a ses instans d'humeur & de dégoût, comme ses momens de plaisir & d'événement ; que dans ce combat du plaisir & du dégoût, le plaisir est apparemment le plus fort, puisqu'en décriant les lettres, on continue à s'y livrer ; & que les muses sont pour ceux qu'elles favorisent, une maîtresse aimable

& capricieuse, dont on se plaint quelquefois, & à laquelle on revient toujours.

On a attaqué dans ces derniers tems la cause des lettres avec de la rhétorique ; on l'a défendue avec des lieux communs : on ne pouvoit, ce me semble, la plaider comme elle le mérite, qu'en la décomposant, en l'envisageant par toutes ses faces, en y appliquant en un mot la dialectique & l'analyse : par malheur la dialectique fatigue, les lieux communs ennuyent, & la rhétorique ne prouve rien ; c'est le moyen que la question ne soit pas si-tôt décidée. Le parti le plus raisonnable seroit peut-être de comparer les sciences aux alimens, qui, également nécessaires à tous les peuples & à tous les hommes, ne leur conviennent pourtant, ni au même dégré, ni de la même maniere ; mais cette vérité trop simple n'eût pas produit des livres.

Pour dégoûter les gens de lettres de la passion de l'étude, on pouvoit faire agir un intérêt puissant ; celui de leur vanité & de leur amour-propre ; les représenter courant sans cesse après des chiméres ou des chagrins ; leur montrer d'une part le néant des connoissances humaines, la futilité de quelques-unes, l'incertitude de presque toutes ; de l'autre la haine & l'envie poursuivant jusqu'au tombeau les écrivains célébres, honorés après leur mort, comme les premiers des hommes, & traités comme les derniers pendant leur vie ; Homere & Milton, pauvres & malheureux ; Aristote & Descartes, fuyant la persécution ; le Tasse, mourant sans avoir joui de sa gloire; Corneille, dégoûté du théâtre, & n'y rentrant que pour s'y traîner avec de nouveaux dégoûts; Racine, désespéré par ses critiques; Quinault, victime de la satyre; tous enfin se reprochant d'avoir perdu leur repos pour courir après la renommée. Voilà, pourroit-on dire aux jeunes littérateurs, le fort qui vous attend, si vous ressemblez à ces grands hommes: peut-être après la lecture d'un pareil livre, seroit-on tenté de fermer pour jamais les siens, comme on alloit se tuer autrefois au sortir de l'école de ce philosophe mélancolique, qui décrioit la vie, au point d'en dégoûter ses auditeurs, & qui gardoit pour lui le courage de ne pas se tuer.

Les passions que les romans prétendent développer paroissent bien froides à un cœur inaccessible aux paſſions, & peut-être plus froides encore quand on en a une; quelle diſtance on trouve alors entre ce qu'on lit & ce qu'on ſent!

On dit que la bibliothéque d'Aléxandrie avoit cette inſcription faſtueuſe : *le tréſor des remedes de l'ame* ; mais le tréſor des remedes de l'ame ne me paroît pas plus riche que tant de pharmacopées, qui annoncent des remedes pour tous les maux du corps, & qui guériſſent fort peu de maladies.

Je compare une vaſte collection de livres, à ces triſtes maiſons, deſtinées à renfermer des inſenſés ou des imbécilles, avec quelques gens raiſonnables qui les gardent, & qui ne ſuffiſent pas pour embellir un pareil ſéjour.

Avec du choix dans ſes études & de l'équité envers lui-même & envers les autres, l'homme de lettres peut être aussi heureux dans son état que le permet la condition humaine. Il l'est encore davantage, s'il sait entremêler à propos la solitude & la société, l'étude & les plaisirs honnêtes : par-là il sent & goûte toute son éxistence.

DES ACADÉMIES.

LEs académies de province font perdre des hommes à l'Etat, sans en faire acquérir aux lettres.

L'expérience a prouvé que l'intrigue & la faveur ont quelquefois ouvert la porte des compagnies littéraires, à des hommes dont tout l'éloge doit se réduire à la date de leur naissance & de leur mort.

Les sociétés de bel esprit si étrangement multipliées dans nos provinces, peuvent être regardées comme une espece, ou plutôt comme une ombre de luxe littéraire, qui nuit à l'opulence réelle, sans même en offrir l'apparence.

Des Spectacles en général.

De la Comédie & de la Tragédie en particulier.

Parmi cette foule d'Anglois, d'Espagnols, d'Allemands & de Russes qui accourent à Paris de toutes parts, à peine s'en trouve-t-il un seul que nos ouvrages lyriques ne fassent bâiller jusqu'aux vapeurs: c'est un tintamarre qui leur rompt la tête, ou un plain-chant qui les endort par la longueur, quand il ne les révolte pas par sa prétention : s'ils prennent quelque plaisir à quelques parties du spectacle, c'est à nos danses ; mais elles ne suffisent pas pour les dédommager de trois heures de bruit & d'ennui : ils sortent en se bouchant les oreilles, & on ne les voit guéres reparoître.

Le spectacle est celui de tous nos plaisirs qui nous rappelle le plus aux autres, par l'image qu'il nous représente de la vie humaine, & par les impressions qu'il nous donne & qu'il nous laisse.

Les passions dont le théâtre tend à nous garantir, ne sont pas celles qu'il excite ; mais il nous en garantit en excitant en nous les passions contraires.

La raison ayant à combattre en nous des passions qui étouffent sa voix, emprunte le secours du théâtre pour imprimer plus profondément dans notre ame les vérités que nous avons besoin d'apprendre : si ces vérités glissent sur les scélérats décidés, elles trouvent dans le cœur des autres une entrée plus facile : elles s'y fortifient quand elles y étoient déjà gravées. Incapables peut-être de ramener les hommes perdus, elles sont au moins propres à empêcher les autres de se perdre ; car la morale est comme la médecine, beaucoup plus sûre dans ce qu'elle fait pour prévenir les maux, que dans ce qu'elle tente pour les guérir.

L'effet de la morale du théâtre est moins d'opérer un changement subit dans les cœurs corrompus, que de prémunir contre le vice les ames foibles par l'éxercice des sentimens honnêtes, & d'affermir dans ses mêmes sentimens les ames vertueuses.

Les représentations théâtrales sont plus utiles à un peuple qui a conservé ses mœurs, qu'à celui qui auroit perdu les siennes.

Chez nous la comédie est le spectacle de l'esprit ; la tragédie celui de l'ame ; l'opéra, celui des sens.

Nous ne prétendons pas qu'on doive toujours représenter sur le théâtre, la nature éxacte & toute nue ; mais nous croyons qu'on ne sçauroit l'imiter trop fidélement, tant qu'elle ne tombe pas dans la bassesse.

De l'Opéra.

L'opéra est le spectacle des sens, & ne sçauroit être autre chose. Or si les plaisirs des sens, comme nous l'éprouvons tous les jours, s'émoussent quand ils sont trop continus, s'ils veulent de la variété

&

& de l'interruption pour être goûtés sans fatigue, il s'enfuit que dans ce genre de spectacle, le plaisir ne peut entrer dans notre ame par trop de sens à la fois ; qu'on ne sçauroit, pour ainsi dire, laisser trop de portes ouvertes, y mettre trop de diversités ; & qu'un opéra qui réunit comme le nôtre les machines, les chœurs, le chant, & la danse, est préférable à l'opéra italien qui se borne au spectacle & au chant.

Nous ôter l'opéra françois, pour y substituer l'opéra italien, ce seroit vraisemblablement nous mettre dans le cas de ce malade dont parle Horace, qui, dans son délire, croyoit assister aux spectacles les plus agréables, qui devint malheureux par sa guérison, en perdant son erreur, & qui prioit les médecins de la lui rendre.

M

De la Tragédie.

L'amour, si on en croit la multitude, est l'ame de nos tragédies, pour moi, il m'y paroît presqu'aussi rare que dans le monde. La plûpart des personnages de Racine même ont à mes yeux moins de passion que de métaphysique, moins de chaleur que de galanterie.

Personne ne regrettera dans nos tragédies, les fossoyeurs du théâtre Anglois ; mais peut-être y pourroit-on desirer plus d'action & moins de paroles ; moins d'art & plus d'illusion. Il seroit à souhaiter surtout que nos acteurs fussent un peu plus ce qu'ils représentent ; presque tous ne paroissent, si j'ose m'exprimer ainsi, que des marionettes, dont on ne voit point le fil d'archal, mais dont les mouvemens n'en sont pas plus naturels & mieux entendus.

L'amour dans Corneille est languissant & déplacé. Son génie semble s'être épuisé dans le Cid à peindre cette passion ; & il faut avouer qu'il l'a peint en maître ; mais il n'y a presqu'aucune de ses autres tragédies que l'amour ne dépare & ne refroidisse. Ce sentiment exclusif & impérieux, si propre à nous consoler de tout, ou à nous rendre tout insupportable, à nous faire jouir de notre éxistence, ou à nous la faire détester, veut être sur le théâtre comme dans nos cœurs, y regner seul & sans partage. Par-tout où il ne joue pas le premier rôle, il est dégradé par le second : le seul caractére qui lui convient dans la tragédie est celui de la véhémence, du trouble, & du désespoir : ôtez-lui ces qualités, ce n'est plus, si j'ose le dire, qu'une passion commune & bourgeoise.

De la Comédie.

La Comédie est la morale mise en action : ce sont les préceptes réduits en exemples. La comédie nous offre les ridicules attachés aux défauts des hommes : elle met sous nos yeux ce que la morale ne montre que d'une maniere abstraite & dans une espece de lointain : elle fortifie & développe par les mouvemens qu'elle excite en nous, les sentimens dont la nature a mis le germe dans nos ames.

L'objet naturel de la comédie, est la correction de nos défauts par le ridicule ; leur antidote le plus puissant, & non la correction de nos vices, qui demandent des remedes d'un autre genre.

Jugement qu'on peut porter de quelques Ecrivains anciens & modernes.

DES ECRIVAINS ANCIENS.

Tacite.

On ne m'accusera pas de prévention contre Tacite ; mais quand je le vois trouver si peu de motifs honnêtes aux actions des hommes, j'en suis fâché, non pour son histoire, qui peut-être n'en est pas plus vraie, mais pour sa personne ; je crains qu'un homme si pénétrant & si peu porté aux interprétations favorables, ne soit un peu pour ses amis, ce qu'il étoit pour les princes, & qu'il ne pratiquât la funeste maxime de vivre avec un ami, comme si on devoit un jour l'avoir pour ennemi; maxime affreuse.

HORACE.

Horace est le poëte de l'antiquité qui a réuni au plus haut dégré le plus de sortes d'esprits & de mérite ; l'élévation & la finesse , le sentiment & la gaieté , la chaleur & l'agrément , la philosophie & le goût.

LUCRECE.

Quand Lucrece est-il vraiment sublime ? Est-ce quand il détaille en vers foibles la foible philosophie de son tems , quand il se traîne languissamment sur les pas des autres ? C'est quand il pense & sent d'après lui-même , quand il est le peintre, & non l'écolier d'Epicure.

Archimede.

De tous les grands hommes de l'antiquité, Archimede est peut-être celui qui mérite le plus d'être placé à côté d'Homere.

Des Anciens et des Modernes.

Les partisans des anciens trop enthousiastes, font trop de grace à l'ensemble en faveur des détails; leurs adversaires, trop raisonneurs, ne rendent pas assez de justice aux détails, par les vices qu'ils remarquent dans l'ensemble.

La dispute des anciens & des modernes, aussi peu utile que toutes les autres, n'a rien appris au genre humain, sinon que Mad. Dacier avoit encore moins de logique que M. de la Mothe ne sçavoit de grec. Les coups que l'on portoit alors au Prince des poëtes lui firent moins de tort que la maniere dont ils étoient repoussés. Attaqué par des gens d'esprit & par des philosophes, il n'avoit guéres dans son parti que des gens de goût qui se taisoient, ou de pésans érudits, qui auroient admiré la pucelle, si Chapelain l'avoit écrite il y a trois mille ans. D'un autre côté, les adversaires d'Homere, trop peu sensibles aux beautés de détails, dont l'Iliade est remplie, & qui sont peut-être la partie la plus essentielle d'un poëme épique, s'attachoient trop à juger un ouvrage de génie sur des régles, d'où l'arbitraire n'est pas tout-à-fait exclu, & sur des usages qu'ils rapportoiént trop à notre goût.

Si l'on veut juger du mérite des anciens & des modernes, c'est Homere qu'il faut comparer à Milton; Démosthene à Bossuet; Tacite à Guichardin, ou peut-être à personne; Séneque à Montaigne; Archimede à Newton; Aristote à Descartes; Platon à Lucrece, au Chancelier Bacon; & pour lors le procès des anciens & des modernes ne sera plus si facile à juger.

La philosophie ancienne & moderne n'a peut-être rien imaginé de plus simple en apparence.

DES AUTEURS MODERNES.

DESCARTES.

Descartes, ce philosophe à qui les sciences & l'esprit humain ont tant d'obligations, dont les erreurs mêmes étoient au-dessus de son siécle, n'eut été que trop longtems au-dessous du nôtre, est proprement le premier qui ait traité du système du monde avec quelque soin & quelque étendue dans un tems où les observations astronomiques, la méchanique & la géométrie étoient encore très-imparfaites. Il imagina pour expliquer les mouvemens des planetes, l'ingénieux & célèbre système des tourbillons.

Au milieu du dix-septieme siécle, Descartes a fondé une nouvelle philosophie, persécutée d'abord avec fureur, embrassée ensuite avec superstition, & réduite aujourd'hui à ce qu'elle contient d'utile & de vrai.

Les partisans de Descartes seroient peut-être bien étonnés, si ce grand homme revenoit au monde, de trouver en lui le plus grand ennemi du Cartésianisme.

On peut considérer Descartes

comme géomètre & comme philosophe. Cet homme rare, dont la fortune a tant variée en moins d'un
siécle, avoit tout ce qu'il falloit
pour changer la face de la philosophie ; une imagination forte, un
esprit très-conséquent, des connoissances puisées dans lui-même plus
que dans les livres, beaucoup de
courage pour combattre les préjugés les plus généralement reçus,
& aucune espece de dépendance qui
le força à les ménager : aussi éprouva-
t-il de son vivant même, ce qui
arrive pour l'ordinaire à tout homme
qui prend un ascendant trop marqué sur les autres : il fit quelques
enthousiastes, & eut beaucoup d'ennemis, quoiqu'il pensa beaucoup
moins à faire des disciples qu'à les
mériter. La persécution alla le chercher dans sa retraite, & la vie ca-

chée qu'il menoit ne put l'y fouftraire. Tourmenté & calomnié par des étrangers, & mal accueilli par fes compatriotes, il alla mourir en Suéde, bien éloigné fans doute de s'attendre aux fuccès brillans que fes opinions auroient un jour.

Locke.

Locke créa la métaphyfique, comme Newton avoit créé la phyfique : il conçut que les abftractions & les queftions ridicules qu'on avoit jufqu'alors agitées, & qui avoient fait comme la fubftance de la philofophie, étoient la partie qu'il falloit furtout profcrire : il chercha dans ces abftractions & dans l'abus des fignes, les caufes principales de nos erreurs, & les y trouva. Pour connoître notre ame, fes idées & fes affections, il n'étudia point les ivres, parce qu'ils l'auroient mal instruit : il se contenta de descendre profondément en lui-même ; & après s'être, pour ainsi dire, contemplé long-tems, il ne fit dans son traité de l'entendement humain, que présenter aux hommes le miroir dans lequel il s'étoit vu ; en un mot il réduisit la métaphysique à ce qu'elle doit être en effet, la physique expérimentale de l'ame, espece de physique très-différente de celle des corps, non-seulement par son objet, mais par la maniere de l'envisager.

François Bacon.

François Bacon, dont les ouvrages si justement estimés, & plus estimés pourtant qu'ils ne sont connus, méritent encore plus notre lecture que nos éloges. A considérer les vues faines & étendues de ce grand homme, la multitude d'objets fur lefquels fon efprit s'eft porté; la hardieffe de fon ftyle, qui réunit par-tout les plus fublimes images avec la précifion la plus rigoureufe, on feroit tenté de le regarder comme le plus grand, le plus univerfel & le plus éloquent des philofophes. Bacon, né dans le fein de la nuit la plus profonde, fentit que la philofophie n'étoit pas encore; quoique bien des gens fe flattaffent d'y exceller; car plus un fiécle eft groffier, plus il fe croit inftruit de tout ce qu'il peut favoir.

Le Moine Bacon.

Bacon, trop peu connu & trop peu lu aujourd'hui, doit être mis au nombre de ces efprits du premier ordre : dans le fein de la plus profonde ignorance, il sçut par la force de son génie, s'élever au dessus de son siécle, & le laisser bien loin derriere lui ; aussi fut-il persécuté par ses confreres, & regardé par le peuple comme un magicien, à peu-près comme Gesbert l'avoit été près de trois siécles auparavant pour ses inventions méchaniques, avec cette différence que Gesbert devint Pape, & que Bacon resta moine & malheureux.

MALEBRANCHE.

Malebranche a si bien démêlé les erreurs des sens, & a connu celles de l'imagination, comme s'il n'avoit pas été souvent trompé par la sienne.

PASCHAL.

Paschal doit être regardé comme un prodige de sagacité & de pénétration; génie universel & sublime, dont les talens ne pourroient être trop regrettés par la philosophie, si la religion n'en avoit pas profité.

ECRIVAINS DE PORT-ROYAL.

Les écrivains de Port-Royal continuerent ce que Balzac avoit commencé. Ils y ajouterent cette précision, cet heureux choix de termes, & cette pureté qui ont conservé jusqu'à présent à la plûpart de leurs ouvrages un air moderne, & qui les distinguent d'un grand nombre de livres surannés, écrits dans le même tems.

FONTENELLE.

Il me semble que les ouvrages géométriques de ce grand homme, soient destinés à produire sur les jeunes gens qui entrent dans la carriere des sciences, le même effet que les ouvrages de belles-lettres sur les jeunes littérateurs, celui d'égarer les uns & les autres par des défauts d'autant plus propres à séduire, qu'ils se trouvent agréables par eux-mêmes, & joints d'ailleurs à des beautés réelles.

Fontenelle avoit souvent trop de familiarité dans le style, quelquefois trop de recherche & de rafinement dans les idées; ici une sorte d'affectation à montrer en petit les grandes choses; là quelques détails puériles, peu dignes de la gravité d'un ouvrage philosophique. Ces défauts blessent moins en lui, qu'ils ne feroient par-tout ailleurs; c'est non-seulement par les beautés tantôt frappantes, tantôt fines, qu'il les efface; mais parce qu'on sent que ces défauts sont naturels en lui,

& que le propre du naturel, quand il ne déplaît pas, est au moins d'obtenir grace. Le genre d'écrire de Fontenelle lui appartient absolument, & ne peut passer, sans y perdre, pas une autre plume. C'est une liqueur qui ne doit jamais changer de vase: il a comme tous les bons écrivains, le style de sa pensée ; ce style, quelquefois négligé, mais toujours original & simple, ne peut représenter fidelement que le genre d'esprit qu'il avoit reçu de la nature.

L'ABBÉ TERRASSON.

Comme la naïveté de l'Abbé Terrasson le faisoit paroître simple aux yeux de bien des gens, on a dit de lui qu'il n'étoit homme d'esprit que de profil : on pourroit dire avec moins de finesse & plus de vérité, qu'il avoit un visage pour le peuple, & un autre pour les philosophes.

La philosophie de l'Abbé Terrasson étoit sans bruit, parce qu'elle étoit sans effort; peut-être en avoit-il eu moins de mérite à l'acquérir; mais les vertus qu'on loue le plus, sont souvent celles qui coûtent le moins : d'ailleurs quelques ridicules que soient les préjugés, leur empire est si puissant, que ceux même qui lui résistent, s'applaudissent de leur courage; pour lui, sans se prévaloir d'un avantage si rare, il en jouissoit paisiblement : il n'avoit pas besoin d'avertir les autres, qu'il n'étoit ni complaisant, ni esclave de son amour-propre. Tout le monde le voyoit assez, & il aimoit mieux renfermer sa philosophie dans sa conduite, que de la borner à ses discours.

Montesquieu.

Montesquieu auroit pu intituler son Livre sur la cause de la grandeur & de la décadence des Romains, qui parut en 1734 : *Histoire Romaine, à l'usage des hommes d'Etat & des Philosophes*. Il s'étoit fait en quelque façon étranger dans son pays, afin de le mieux connoître, il avoit ensuite parcouru toute l'Europe, & profondément étudié les différens peuples qui l'habitent. L'isle fameuse qui se glorifie tant de ses loix, & qui en a profité si mal, avoit été dans ce long voyage, ce que l'Isle de Crete fut autrefois pour Licurgue, une école où il avoit sçu s'instruire sans tout approuver; enfin il avoit, si on peut parler ainsi, interrogé & jugé les peuples & les hommes célébres, qui n'éxistent plus aujourd'hui que dans les annales du monde. Ce fut ainſi qu'il s'éleva par dégrés, au plus beau titre qu'un ſage puiſſe mériter ; celui de légiſlateur des nations.

La plûpart de ceux qui ont écrit des loix, ſont preſque toujours ou de ſimples moraliſtes, ou de ſimples juriſconſultes, ou même quelquefois de ſimples théologiens ; pour Monteſquieu, l'homme de tous les pays & de toutes les nations, il s'occupe moins de ce que le devoir éxige de nous, que des moyens par leſquels on peut nous obliger de le remplir ; de la perfection métaphyſique des loix, que de celles dont la nature humaine les rend ſuſceptibles ; des loix qu'on fait, que de celles qu'on a dû faire ; des loix d'un peuple particulier, que de celles de tous les peuples. Son livre de l'Eſprit des loix eſt deſtiné à des hommes qui penſent, & dont le génie doit ſuppléer à des omiſſions volontaires & raiſonnées.

Il y a ſans doute des fautes dans l'Eſprit des loix, comme il y en a dans tous les ouvrages de génie, dont l'auteur a oſé ſe frayer des routes nouvelles. Monteſquieu a été parmi nous pour l'étude des loix, ce que Deſcartes a été pour la philoſophie : il éclaire ſouvent, & ſe trompe quelquefois ; mais en ſe trompant même, il inſtruit ceux qui ſavent lire. C'eſt l'eſprit de citoyen qui l'a dicté : l'amour du bien public, le deſir de voir les hommes heureux, s'y montrent de toutes parts ; & n'eût-il que ce mérite ſi rare, ſi précieux, il ſeroit digne par cet endroit ſeul d'être la lecture des peuples & des Rois. Il a tranſmis à ſes enfans sans diminution ni augmentation, l'héritage de ses peres : il n'y a rien ajouté que la gloire de son nom, & l'éxemple de sa vie.

Montesquieu, écrivain judicieux, aussi bon citoyen que grand philosophe, nous a donné sur les principes des loix, un ouvrage décrié par quelques François, applaudi par la nation, & admiré de toute l'Europe; ouvrage qui sera un monument éternel du génie, & de la vertu de son auteur, & des progrès de la raison, dans un siécle dont le milieu sera une époque mémorable dans l'histoire de la philosophie.

BUFFON.

L'auteur de l'histoire naturelle du cabinet du Roi, rival de Platon & de Lucrece, a répandu dans son ouvrage, dont la réputation croît de jour en jour, cette noblesse & cette élévation de style, qui sont si propres aux matieres philosophiques ; & qui dans les écrits du sage, doivent être la peinture de son ame.

Le Pere Hardouin.

Le fameux Jésuite Hardouin, un des premiers hommes de son siécle par la profondeur de son érudition, & un des derniers par l'usage ridicule qu'il en a fait, porta autrefois l'extravagance, jusqu'à composer un ouvrage exprès pour mettre sans pudeur & sans remords, au nombre des Athées, des auteurs respectables, dont plusieurs avoient solidement prouvé l'éxistence de Dieu dans leurs écrits ; absurdité bien digne d'un visionnaire, qui prétendoit que la plûpart des chef-d'œuvres de l'antiquité, avoient été composés par des moines du treizieme siécle.

Corneille.

CORNEILLE.

Corneille, après avoir sacrifié pendant quelques années au mauvais goût dans la carriere dramatique, s'est affranchi enfin; il découvrit par la force de son génie, bien plus que par la lecture, les loix du théâtre, & les exposa dans ses discours admirables sur la tragédie, dans ses réfléxions sur chacune de ses piéces, mais principalement dans ses pieces mêmes.

RACINE.

Racine, s'ouvrant une autre route, fit paroître sur le théâtre une passion que les anciens n'y avoient guéres connue; & développant les ressorts du cœur humain, joignit à une élégance & une vérité continuelle, quelques traits de sublime.

Racine & La Fontaine plairont toujours dans tous les tems & tous les âges : l'un est le poëte du cœur, l'autre est celui de l'esprit & de la raison. La Fontaine surtout, qu'on regarde assez mal-à-propos comme le poëte des enfans qui ne l'entendent guéres, est à bien plus juste titre le poëte chéri des vieillards : il l'est même plus que Racine.

L'esprit éxige que le poëte lui plaise toujours, & il veut cependant des repos : c'est ce qu'il trouve dans La Fontaine, dont la négligence même a ses charmes d'autant plus grands, que son sujet le demandoit. Dans Racine, au contraire, toute négligence seroit un défaut ; & cependant l'éxactitude & l'élégance continues de ce grand poëte, deviennent à la longue un peu fatiguantes par l'uniformité ; il a, selon l'expreſſion d'un homme de beaucoup d'eſprit, la monotonie de la perfection.

Moliere.

Moliere, par la peinture fine des ridicules & des mœurs de ſon tems, laiſſa bien loin derriere lui la comédie ancienne.

La Fontaine.

La Fontaine fit preſque oublier Eſope & Phédre.

Les Fables de La Fontaine ſont peut-être l'ouvrage le plus original que la langue françoiſe ait produit.

Bossuet.

Boſſuet ſe plaça à côté de Démoſthène.

Mad. de Sévigné.

Les lettres de Mad. de Sévigné ſi frivoles pour le fond, & ſi ſéduisantes par la négligence même du style, sont méprisées des étrangers qui ne peuvent pas les traduire.

MÉNAGE.

Ménage nous a laissé dans ses écrits beaucoup de choses frivoles parmi quelques-unes d'utiles.

RONSARD.

Ronsard fit de la langue françoise un jargon barbare, hérissé de grec & de latin; mais heureusement il la rendit assez méconnoissable pour qu'elle en devint ridicule.

MALHERBE.

Malherbe, nourri de la lecture des excellens poëtes de l'antiquité, & prenant comme eux la nature pour modele, répandit le premier dans notre poésie, une harmonie & des beautés auparavant inconnues

BALZAC.

Balzac, aujourd'hui trop méprisé, donna à notre prose de la noblesse & du nombre.

QUINAULT.

Etrange effet de l'injustice & de la prévention des hommes. Lulli, de son vivant, étoit sur le trône, & Quinault dans le mépris ; cependant quelle distance de l'un à l'autre, eu égard au dégré de perfection, où chacun d'eux a porté son art ? Le plus grand éloge d'un poëte, dit très-bien M. de Voltaire, est qu'on retienne ses vers ; & l'on sait des scènes entiéres de Quinault par cœur. Que d'invention, que de naturel, que de sentiment, que d'élévation même quelquefois, enfin que de beautés d'ensemble & de détails dans ses poëmes lyriques ! Combien de tableaux a-t-il donné à faire à Lulli, que tel artiste a manqué totalement ou peut-être même n'a pas sentis ? Mais Quinault étoit créateur d'un genre, & d'un genre où tout le monde se croit juge ; c'en étoit assez pour déchaîner contre lui les prétendus gens de goût, & les échos de leurs décisions. Les beaux esprits qui étoient pour lors à la mode, ennemis d'autant plus redoutables, qu'ils avoient eux-mêmes beaucoup de talents & de mérite, étoient parvenus à rendre ridicule aux yeux d'une cour dont ils étoient l'oracle, l'auteur de *la Mere coquette*, de *Thésée*, d'*Atys*, & d'*Armide*. La génération suivante, il est vrai, n'en a pas jugé comme eux ; & le fameux satyrique du dernier siécle seroit aujourd'hui bien étonné de voir ce Quinault qu'il outrageoit, mis par la postérité sur la même ligne que lui, & peut-être au-dessus.

CALVIN.

Calvin homme de lettres du premier ordre, écrivoit en latin aussi bien qu'on le peut faire dans une langue morte, & en françois avec une pureté singuliere pour son tems; cette pureté que nos habiles grammairiens admirent encore aujourd'hui, rend ses écrits bien supérieurs à presque tous ceux du même siécle, comme les ouvrages de MM. de Port-Royal se distinguent encore aujourd'hui par la même raison, des rapsodies barbares de leurs adversaires, & de leurs contemporains.

LA MOTHE.

Le plus grand tort de la Mothe

n'est pas d'avoir critiqué l'Iliade, c'est d'en avoir fait une.

Despréaux.

Despréaux, dans son art poétique, se rendit l'égal d'Horace en l'imitant.

PORTRAITS DIVERS.

D'un Philosophe.

C'Est un citoyen fidele à ses devoirs, attaché à sa patrie, soumis aux loix de la Religion & de l'Etat, & qui est plus occupé, suivant le principe de Descartes, à régler ses desirs que l'ordre du monde ; qui sans ménage & sans reproche, n'attend rien de la faveur, & ne craint rien de la malignité ; qui cultive en paix la raison, sans flatter ni braver ceux qui ont l'autorité en main ; qui en rendant les honneurs légitimes & extérieurs au pouvoir, au rang, à la dignité, n'accorde l'honneur réel & intérieur, qu'au mérite, aux talens & à la vertu ; en un mot, qui respecte ce qu'il doit, & qui estime ce qu'il peut.

De Clement IX.

Aléxandre VII. eut pour successeur Clément IX, dont le pontificat trop court fut appelé l'âge d'or de Rome; Pontife libéral, magnifique, ami des lettres & des hommes, assez éclairé pour vouloir rendre la religion respectable, en terminant toutes les disputes, & dont l'esprit pacifique auroit dû avoir des imitateurs.

PORTRAITS DE JACQUES II.

Ce Prince, plus louable dans une oraison funebre que dans l'histoire, & dont l'esprit sera toujours désapprouvé pour un christianisme bien entendu, avoit été chassé de son trône pour avoir tourmenté une nation qui le laissoit jouir en paix de ses moines & de ses maîtresses, & pour avoir voulu faire croire aux Anglois par la force, ce qu'il auroit dû leur persuader par son éxemple. Refugié en France, peu estimé de l'Europe, & en butte aux railleries de la Cour même où il s'étoit retiré, il fit, dit-on, des miracles après sa mort, n'ayant pu faire pendant sa vie, celui de remonter sur le trône.

De Christine.

Les inégalités de sa conduite, de son humeur & de ses goûts, le peu de décence qu'elle mit dans ses actions, le peu d'avantage qu'elle tira de ses connoissances & de son esprit, pour rendre les hommes heureux, sa fierté qui fut souvent déplacée, (parce qu'elle l'est toujours, quand elle ne produit pas l'estime) ; ses discours équivoques sur la Religion qu'elle avoit quittée, & sur celle qu'elle embrassoit ; enfin la vie, pour ainsi dire errante, qu'elle a menée parmi des étrangers qui ne l'aimoient pas ; tout cela justifie plus qu'elle ne l'a cru la briéveté de son épitaphe (1).

----

(1) Voyez Page 337.

Portraits des François, & réfléxions sur leur caractére.

Dans cette espece de tableaux mouvans, (Lettres Persannes), Usbeck expose surtout avec autant de légereté que d'énergie, ce qui a le plus frappé parmi nous ses yeux pénétrans; notre habitude de traiter sérieusement les choses les plus futiles, & de tourner les plus importantes en plaisanteries; nos conversations si bruyantes & si frivoles; notre ennui dans le sein du plaisir même; nos préjugés & nos actions en contradictions continuelles avec nos lumieres; tant d'amour pour la gloire, joint à tant de respect pour l'idole de la faveur; nos courtisans si rampans & si vains; notre politesse extérieure, & notre mépris réel pour les étrangers, ou notre prédilection pour eux ; la bizarrerie de nos goûts qui n'a rien au-dessous d'elle que l'empressement de toute l'Europe à les adopter ; notre dédain barbare pour deux des plus respectables occupations d'un citoyen ; le commerce & la magistrature : nos disputes littéraires si vives & si inutiles ; notre fureur d'écrire avant que de penser, & de juger avant que de connoître.

De Gustave Adolphe.

Tandis que ce Prince uni avec la France, & secrettement applaudi de la Cour de Rome, jalouse de la puissance Autrichienne, vengeoit de l'oppression de Ferdinand, les Protestants de l'Empire, toute la Baviere retentissoit d'oraisons, d'exorcismes, de litanies, & d'imprécations contre ce Prince : des Moines Allemands prouvoient qu'il étoit l'ante-chrift ; & des miniftres Luthériens, qu'il ne l'étoit pas. Mon auteur affure néanmoins que ce Prince ufa modérément de fes victoires : on prétend que l'Allemagne en fut redevable aux fentimens que Guftave avoit conçus pour les Catholiques, en étudiant dans fa jeuneffe à Pavie, fous le célebre Galilée, que l'inquifition traita depuis comme hérétique, parce qu'il étoit aftronome ; mais outre que le voyage de Guftave en Italie eft affez douteux, il ne paroît pas qu'un pays où l'on faifoit un article de foi du fyftême de Ptolomée, fut bien propre à prévenir favorablement un Prince Luthérien. Quoi qu'il en foit, le Pape Urbain VIII, qui joignoit à tout le zele d'un fouverain Pontife pour fa Religion, une haine encore plus grande pour l'Empereur Ferdinand, aſſuroit que les Eſpagnols de Charles-Quint avoient fait plus de mal à l'Egliſe Romaine, que les Suédois de Guſtave n'en avoient fait à l'Allemagne. Il eſt à deſirer pour l'honneur de Guſtave & de l'humanité, qu'il ait mérité l'éloge qu'on fait ici de ſa modération : ſi quelque choſe pouvoit rendre cet éloge ſuſpect, ce ſeroit le prétendu goût que mon auteur attribue à Guſtave pour les lettres, parce qu'il avoit lu des livres de tactique & d'art militaire ; c'eſt comme s'il eut ſoutenu que le feu Roi de Pruſſe aimoit les ſciences, parce que ſon amour extrême pour ſes troupes l'engageoit à accorder quelque protection aux Chirurgiens d'armée. Le compilateur eſt ſi prévenu pour ſes Souverains, qu'il loue sur l'amour des lettres, jusqu'à Charles XII, qui n'avoit lu en sa vie que les Commentaires de César : c'est ainsi, qu'en prodiguant les éloges aux Princes, on les dispense de les mériter ; mais la postérité qui juge les écrivains & les Rois, saura mettre à leur place ceux qui donnent les louanges, & ceux qui les reçoivent.

Ce qui me paroît le plus frappant dans toute l'histoire de Gustave, ce sont les réfléxions sages qu'on lui attribue sur les conquérans : on les croiroit de Socrate, & Gustave auroit dû joindre au mérite d'en être l'auteur, la gloire de les mettre en pratique.

Réflexions sur les François.

LE François compte pour rien le mérite d'instruire quand il n'est pas accompagné d'agrément ; & il préfére l'ignorance de ses devoirs à l'ennui de les apprendre.

Les plaisanteries que notre frivolité se permet si légérement sans en prévoir les suites, laissent souvent après elles des plaies profondes. La haine profite de tout, & qu'il est doux pour cette multitude d'hommes qui blessent l'éclat des talens, de trouver le plus léger prétexte pour se dispenser de leur rendre justice.

En Angleterre, on se contentoit que Newton fût le plus grand génie de son siécle ; en France, on auroit aussi voulu qu'il fût aimable. Un géometre s'est trouvé par hazard posséder dans un dégré peu commun cet agrément dans l'esprit dont nous faisons tant de cas, mais qu'il orne par des qualités plus solides, & que la géométrie ne peut pas plus ôter quand on l'a, que les belles-lettres ne peuvent le donner quand on ne l'a pas. On a été étonné qu'un géométre ne fut pas une espece d'animal sauvage : bientôt après, tout géométre s'est vu indistinctement recherché : il est vrai que cette manie a peu duré, non parce qu'on a reconnu que c'étoit une manie, mais parce qu'aucune manie ne dure dans notre nation ; elle subsiste cependant encore. C'est un grand géometre, dit-on, & c'est pourtant un homme d'esprit.

On traite en France les géométres & les grands Seigneurs, à peu-près comme on fait les Ambassadeurs Turcs & Persans : on est tout surpris de trouver le bon sens le plus ordinaire à un homme qui n'est ni François ni Chrétien ; & en conséquence on recueille de sa bouche, comme des apophtegmes, les sottises les plus triviales.

La Nation françoise, singuliérement avide de nouveautés dans les matiéres de goût, est au contraire en matiere de science, très-attachée aux opinions anciennes. Deux dispositions si contraires en apparence, ont leur principe dans plusieurs causes, & surtout dans cette ardeur de jouir qui semble constituer le caractére du François.

L'amour des lettres, qui est un mérite chez nos voisins, n'est encore à la vérité qu'une mode parmi nous, & ne sera peut-être jamais autre chose.

En France on ne parle que deux jours d'une bataille perdue, & l'on emploie même le second à chansonner le général.

La nation françoise, vive & frivole, a une inquiétude qui a besoin d'aliment; heureusement qu'elle n'y est pas difficile.

L'attention des Parisiens oisifs est aujourd'hui tournée vers des objets plus importans; ils s'exercent sans frais comme sans intérêt sur les affaires de l'Europe.

PENSÉES DIVERSES.

UN grand mérite fait toujours des ennemis.

Il est rare que les hommes célébres ayent des enfans qui leur ressemblent.

Le mérite éminent honore ses protecteurs ; le médiocre les avilit.

Le faux bel esprit tient de plus près qu'on ne croit à la barbarie.

L'amitié est un sentiment trop respectable pour être prodigué : on a très-peu d'amitié quand on a beaucoup d'amis.

On est toujours regretté après sa mort, quand pendant sa vie, avec de l'esprit & des talens, on n'a jamais nui à l'amour-propre, ni à l'avidité des autres.

Un citoyen est redevable à sa nation & à l'humanité de tout le bien qu'il peut leur faire.

Il est des hommes rares & singuliers, dont le commerce supplée quelquefois à plusieurs années d'observations & de séjour.

Le spectacle & le tumulte du monde sert à rendre la solitude plus agréable.

La modération dans la critique, annonce & honore la vérité.

Un moyen infaillible de faire des Fanatiques, c'est de persuader avant que d'instruire.

Les deux plus grands fléaux du genre humain, c'est la superstition & la tyrannie.

La santé est d'autant plus précieuse, que c'est un des biens qui ne dépend pas des autres hommes.

Rien n'est plus habile que la malignité humaine à empoisonner sans fondement les actions les plus louables.

La Religion & la vérité sont touchantes & sans art.

Les opinions des hommes leur sont du moins aussi cheres que

leurs passions, mais sont encore plus durables, quand on les abandonne à elles-mêmes.

L'erreur ne résiste que trop à l'épreuve des remedes violens.

La modération, la douceur & le tems détruisent tout, excepté la vérité.

Une ame insensible est un clavecin sans touches, dont on chercheroit vainement à tirer des sons.

L'historien doit penser & peindre, le philosophe, peindre & penser, l'orateur, penser, peindre & sentir.

La naissance & la fortune n'excluent point les talens, comme elles ne les donnent pas.

En fait de réputation, comme en fait de maladies, c'est toujours l'impatience qui nous perd.

On s'accoutume un peu trop à

regarder la renommée comme une loterie toute pure, où l'on croit faire fortune en fabriquant de faux billets.

Si on démêloit les motifs des éloges que prodiguent les hommes, on y trouveroit bien de quoi s'y consoler de leurs satyres, & peut-être même de leurs mépris.

L'économie est plus éclairée que la profusion.

Dans un état despotique, les vertus de citoyen sont des vertus de dupe ; mais il faut savoir être dupe quelquefois, & il se trouve toujours des gens assez bien nés pour l'être.

L'ennui veut jouir du talent ; & la vanité trouve moyen de le séparer de la personne.

La philosophie est comme la dévotion ; c'est reculer que de n'y pas faire des progrès.

Le beau & le vrai qui semblent se montrer de toutes parts aux hommes, ne les frappent guéres, à moins qu'ils n'en soient avertis.

Les idées qu'on acquiert par la lecture & par la société, sont le germe de presque toutes les découvertes.

Il n'y a que la liberté d'agir & de penser, qui soit capable de produire de grandes choses; & elle n'a besoin que de lumieres pour se préserver des excès.

Les grands hommes se livrent à leur génie, & les hommes médiocres à celui de leur nation.

C'est être ignorant ou présomptueux, de croire que tout soit vû dans quelque maniere que ce puisse être, & que nous n'ayons plus aucun avantage à tirer de l'étude & de la lecture des Anciens.

O

C'est le gouvernement qui donne les places; mais c'est le Public qui distribue l'estime.

Rien n'abrége tant les difficultés que le mépris.

Il faut écrire vîte & corriger long-tems.

Dans la défense comme dans la recherche de la vérité, le premier devoir est d'être juste.

C'est aux hommes à prononcer sur les discours, & à Dieu seul à juger les cœurs.

Abuser de l'esprit philosophique, c'est en manquer.

Les vrais ouvrages d'agrément sont aussi rares que les gens vraiment aimables.

Il ne faut pas toujours louer les anciens quoiqu'ils soient morts; & il faut savoir louer quelquefois les vivans leurs disciples, quoiqu'ils soient vivans.

Se faire imprimer est une manière tacite & modeste, d'annoncer aux autres hommes, souvent très-mal-à-propos, qu'on croit avoir plus d'esprit qu'eux.

Le bonheur est comme l'aisance, qui se conserve par l'économie.

La manière la plus criante de manquer de respect au Public, est de l'ennuyer.

Le plus sage est celui qui n'attend & ne desire rien des hommes, au-delà des devoirs mutuels que la société impose à tous ses membres.

L'art de la guerre est l'art de détruire les hommes, comme le politique celui de les tromper.

Les moyens de tuer nos semblables sont moins incertains que ceux de les guérir.

La nature est bonne à imiter, mais non pas jusqu'à l'ennui.

La vérité est comme un enfant, on ne la met pas au monde sans douleur.

Malheur à qui a besoin de lire des livres pour être honnête-homme.

───────────────

ANECDOTES.

On demandoit à Galilée à quoi servoit la géométrie ; *à peser, à mesurer, & à compter*, répondit-il, *à peser les ignorans, à mesurer les sots, & à compter les uns & les autres.*

A l'âge de 18 ans, Jean Bernoulli soutint une thèse en vers grecs sur cette question, que *le Prince est pour le sujet* ; matiere du moins aussi intéressante qu'aucune de celles qu'il a traitées depuis ; mais qu'un philosophe pouvoit se dispenser de traiter en vers, & un républicain de traiter en grec.

MM. de Maupertuis & Clairaut ont fait l'un & l'autre le voyage de Basle, pour profiter des lumieres de M. Bernoulli: semblables à ces anciens Grecs qui alloient chercher les sciences en Egypte; & revenoient les répandre dans leur patrie avec leurs propres richesses.

On demandoit un jour à l'Abbé Terrasson ce qu'il pensoit d'une harangue qu'il devoit prononcer; *elle est bonne*, répondit-il; *je dis très-bonne; tout le monde n'en pensera peut-être pas comme moi; mais cela ne m'inquiéte guéres.*

Je réponds de moi, disoit-il dans sa grande fortune, *jusqu'à un mil-*

lion ; ceux qui le connoiſſoient, dit M. d'Alembert, auroient bien répondu de lui par-delà.

Quand on diſoit à l'Abbé Terraſſon que les ſociétés particulieres qui s'érigent dans Paris en arbitres des auteurs, étendoient l'eſprit, il répondoit que *l'eſprit d'une nation reſſemble à ces faucilles d'or, qui deviennent plus minces à meſure qu'elles s'étendent ; & qu'il perd ordinairement en profondeur, ce qu'il gagne en ſuperficie.*

Feu M. le Maréchal d'Eſtrées, Directeur de l'Académie françoiſe, lorſque M. de Monteſquieu y fut reçu, ſe conduiſit dans cette circonſtance en courtiſan vertueux & d'une ame vraiment élevée : il ne craignit ni d'abuſer de ſon crédit ni de le compromettre; il soutint M. de Montesquieu contre les prétendues accusations portées contre lui, pour avoir fait les lettres Persannes. Ce trait de courage, si précieux aux lettres, si digne d'avoir aujourd'hui des imitateurs, & si honorable à la mémoire de M. le Maréchal d'Estrées, n'auroit pas dû être oublié dans son éloge.

M. de Montesquieu, voyageant en Italie, rencontra M. Law à Venise, à qui il ne restoit de sa grandeur passée que des projets heureusement destinés à mourir dans sa tête, & un diamant qu'il engageoit pour jouer aux jeux de hazard. Un jour la conversation rouloit sur le fameux système que Law avoit inventé; époque de tant de malheurs & de fortunes, & surtout d'une dépravation remarquable de nos mœurs. Comme le Parlement de Paris, dépositaire immédiat des loix dans les tems de minorité, avoit fait éprouver au Ministre Ecossois quelque résistance dans cette occasion, M. de Montesquieu lui demanda pourquoi ou n'avoit pas essayé de vaincre cette résistance par un moyen presque toujours infaillible en Angleterre, par le grand mobile des actions des hommes; en un mot par l'argent : *ce ne sont pas*, répondit M. Law, *des génies aussi ardens & aussi dangereux que nos compatriotes; mais ils sont beaucoup plus incorruptibles.*

Montesquieu après avoir voyagé dans toute l'Europe, disoit que l'Allemagne étoit faite pour y voyager, l'Italie pour y séjourner, l'Angleterre pour y penser, & la France pour y vivre.

M. Dacier, célébre par les médailles qu'il a frappées à l'honneur de plusieurs hommes illustres, vint de Londres à Paris, en 1752, pour frapper celle de M. de Montesquieu; ne pouvant point obtenir de M. de Montesquieu la complaisance de lui laisser faire le dessein qui lui étoit nécessaire; ne croyez-vous pas, lui dit-il, qu'il n'y ait pas autant d'orgueil à refuser une proposition qu'à l'accepter? cette plaisanterie lui fit obtenir ce qu'il demandoit.

On pourroit appliquer à M. de Montesquieu, ce qui a été dit autrefois d'un illustre Romain; que personne en apprenant sa mort n'en témoigna de joie; que personne même ne l'oublia quoiqu'il ne fût plus.

Le 17 Février 1755, l'Académie françoise fit, suivant l'usage, un service solemnel à M. de Montesquieu, auquel, malgré toute la rigueur de la saison, presque tous les gens de lettres de ce corps, qui n'étoient pas absents de Paris, se firent un devoir d'assister.

On auroit dû dans cette triste cérémonie placer l'esprit des loix sur son cercueil, comme on exposa autrefois vis-à-vis le cercueil de Raphaël, son dernier tableau de la transfiguration : cet appareil simple & touchant eût été une belle oraison funèbre.

Quelqu'un voulant un jour faire un compliment à M. Dumarsais, lui dit qu'il venoit d'entendre dire beaucoup de bien de son histoire des Tropes : il prenoit les Tropes pour un nom de peuple.

M. *Dumarsais*, disoit un riche fort avare, est un fort honnête-homme, il y a quarante ans qu'il est mon ami, il est pauvre, & il ne m'a jamais rien demandé.

M. le Comte de Lauraguais, qui a su préférer dans l'Académie des Sciences le simple titre d'académicien à celui d'honoraire, eût occasion de voir M. Dumarsais, & fut touché de sa situation ; il lui assura une pension de mille livres, dont il a continué une partie à une personne qui avoit eu soin de la vieillesse du philosophe ; action de générosité, qui aura parmi nous plus d'éloges que d'imitateurs.

M. Dumarsais se félicitoit d'avoir vu deux événemens qui l'avoient beaucoup instruit, disoit-il, sur les maladies épidémiques de l'esprit humain, & qui le consoloient de n'avoir pas vécu sous Aléxandre & sous Auguste. Le premier de ces événemens étoit le fameux système; système très-utile en lui-même, s'il eût été bien conduit, & si son auteur & le gouvernement n'avoient pas été séduits & entraînés par le fanatisme du peuple. Le second événement étoit l'étrange folie des convulsions & des miracles qui les ont annoncées; autre espece de fanatisme qui auroit pu être dangereux, s'il n'avoit pas été ridicule; qui a porté le coup mortel aux hommes, parmi lesquels il est né, & qui les a fait tomber dans un mépris où ils resteront, si la persécution ne les en tire pas,

Un homme d'esprit très-peu versé dans l'histoire se consoloit de son ignorance, en considérant que ce qui se passe sous nos yeux seroit l'histoire un jour.

Ne sais-tu pas mon fils, écrivoit le grand Chancelier de Suede à son fils le Comte d'Oxenstiern, *combien le secret de gouverner le monde est peu de chose*.

Grotius retiré en France, pour éviter la persécution de Gomariste, déplut au Cardinal de Richelieu, parce qu'il ne le flattoit pas sur ses talens littéraires ; car il faut toujours que les grands hommes se rapprochent des autres par quelques foiblesses. Le protecteur de Myrame & de l'amour tyrannique, qui persécutoit & récompensoit tout-à-la fois

Corneille, non-seulement ne fit rien pour Grotius, mais l'obligea à force de dégoûts de se retirer. Gustave Adolphe l'accueillit, Oxenstiern le renvoya en France avec le titre d'ambassadeur, & Christine bientôt après lui confirma ce titre; elle trouvoit par-là le moyen de récompenser d'une maniere digne d'elle, un homme d'un mérite si rare, de mortifier les Hollandois qu'elle n'aimoit pas, & de piquer le Cardinal dont elle croyoit avoir à se plaindre.

Quand la Reine Christine fit Salvius Sénateur de Suede, quoiqu'il ne fut pas d'une maison assez noble, elle dit aux Sénateurs; *quand il est question de bons avis & de sages conseils, on ne demande pas seize quartiers, mais ce qu'il faut faire. Salvius seroit sans doute un* homme capable s'il étoit de grande famille...... Si les enfans de grande famille ont de la capacité, ils feront fortune comme les autres, sans que je prétende m'y astreindre.

Quand Chanut, ambassadeur de France auprès de la Reine Christine, écrivit à Descartes pour l'engager à venir ensuite : Descartes lui répondit, *qu'un homme né dans les jardins de la Touraine, & retiré dans une terre, (la Hollande), où il y avoit moins de miel à la vérité, mais plus de lait que dans la terre promise aux Israélites, ne pouvoit se résoudre à la quitter pour aller vivre au pays des ours, entre des rochers & des glaces.*

La foule d'érudits dont la Reine Christine étoit environnée, faisoit dire aux étrangers que bientôt la Suede alloit être gouvernée par des grammairiens. Les repréfentations que lui fit fur cela Defcartes, le brouillerent fans retour avec le maître de Grec de la Reine, le favant Ifaac Voffius, ce Théologien incrédule & fuperftitieux, de qui Charles II, Roi d'Angleterre, difoit qu'il croyoit tout, excepté la bible.

On prétendit même que les grammairiens de Stockolm avoient avancé par le poifon la mort de Defcartes; mais cette maniere de fe défaire de fes ennemis, dit Sorbiere, eft un honneur que les gens de lettres n'envient pas aux grands.

Chriftine, en 1652, écrivit à M. Godeau, Evêque de Vence, dont nous avons tant de vers & fi peu de poésie. Ce Prélat l'avoit loué par lettres ; la Reine de Suede lui dit dans sa réponse que les honnêtes gens de France sont *si accoutumés à louer*, qu'elle n'ose se plaindre d'une coutume si générale, & qu'elle lui en est même obligée.

Ce qu'il y a de plus remarquable dans les lettres de Christine, c'est l'offre qu'elle fit à Scudéri de recevoir la dédicace de son Alaric, en y joignant un présent considérable, à condition qu'il effaceroit de ce poëme, l'éloge de M. de la Gardie qui avoit encouru la disgrace de la Reine ; Scudéri répondit à cette offre, qu'il ne détruiroit jamais l'autel où il avoit sacrifié. Une réponse si noble fait regretter que le poëme d'Alaric n'ait pas été meilleur.

L'ambassadeur de Cromwell auprès de la Reine Christine, se plaignoit qu'on ne lui parloit à ses audiences que de philosophie, de divertissemens & de ballets.

Pimentel, ambassadeur d'Espagne, se retira de la premiere audience que lui donna cette princesse, sans dire un seul mot, & lui avoua le lendemain qu'il avoit été interdit de la majesté qui brilloit dans toute sa personne; on peut juger s'il plut.

Christine instruite des discours que l'envie qu'elle avoit d'abdiquer, faisoient tenir, écrivoit à Chanut, *je ne m'inquiéte point du plaudité; il est difficile qu'un dessein mâle & vigoueux plaise à tout le monde; je me contenterai d'un seul approbateur;*

je me passerois même d'en avoir. Que j'aurai de plaisir à me souvenir d'avoir fait du bien aux hommes ! Pourquoi vouloit-elle cesser de leur en faire ?

Peu de jours après son abdication, Christine fit graver une médaille dont la légende étoit *que le Parnasse vaut mieux que le trône* ; médaille qui fait aussi peu d'honneur à ses sentimens que la légende en fait peu à son goût.

Un jour que la Reine Christine admiroit une statue de marbre du cavalier Bernin, qui représentoit la vérité, un Cardinal qui étoit près d'elle, lui dit qu'elle aimoit plus la vérité que les autres Princes : *toutes les vérités*, lui répondit-elle, *ne sont pas de marbre*.

& jugées avec beaucoup de solidité pour la forme.

La Reine Christine mourut à Rome en 1689 ; elle ordonna par son testament qu'on ne mît sur son tombeau que ces mots ; D. O. M. *Vixit Christina, ann. 63.*

A Dieu très-bon et très-grand, Christine a vécu soixante-trois ans.

La modestie & le faste des inscriptions sont également l'ouvrage de la vanité. La modestie convient mieux à la vanité qui a fait de grandes choses : le faste, à la vanité qui n'en a fait que de petites. Si on juge sur cette règle l'épitaphe de Christine, on trouvera qu'elle n'est que vraie, sans être grande.

Ses ennemis reprochoient à un philosophe de ne mépriser les richesses que faute de talens pour en acquérir : il se mit dans le commerce, s'y enrichit en un an, distribua son gain à ses amis, & se remit ensuite à philosopher.

Feu M. l'Abbé de S. Pierre, se privant autrefois en faveur de M. de Varignon, d'une portion considérable de sa fortune, lui disoit : je ne vous donne pas une pension, mais un contrat, parce que je ne veux pas que vous dépendiez de moi ; espece d'héroïsme bien digne d'être proposé pour modele à tous les bienfaiteurs : ce n'est qu'à ce prix qu'on mérite de l'être.

M. de Colbert vouloit instruire quelques négocians : laissez-nous faire, lui disent-ils. Ce Colbert, assez grand homme pour ne parler que de ce qu'il entendoit, & pour donner sur le commerce des avis utiles, l'étoit assez en même tems pour trouver bon que des gens plus éclairés que lui s'en tinssent à leurs propres lumieres.

Apollonius de Thyane alloit autrefois à Rome pour voir de près, disoit-il, quel animal c'étoit qu'un tyran.

Un homme de Lettres, forcé par des circonstances singulieres, de passer ses jours auprès d'un Ministre, disoit de lui avec beaucoup de finesse & de vérité : *il veut se familiariser avec moi, mais je le repousse avec respect.*

Arnaud disoit à Racine : *pourquoi cet Hyppolite amoureux ?* Le reproche

che étoit moins d'un casuiste que d'un homme de goût : on sait la réponse que Racine lui fit ; *eh Monsieur ! sans cela, qu'auroient dit les Petits-maîtres ?*

Auguste vouloit prendre parti dans la dispute des citoyens de Rome au sujet du danseur Pylade, & de son concurrent Bathylle. *Tu es un sot*, dit Pylade à l'Empereur, *que ne les laisse-tu s'amuser de nos querelles.*

La Dioptrique, disoit un Professeur de philosophie, est la science des propriétés des lunettes. Les lunettes supposent les yeux ; les yeux sont un organe de nos sens ; l'éxistence de nos sens suppose celle de Dieu, puisque c'est Dieu qui nous les a donnés. L'éxistence de Dieu est le fondement de la Religion Chrétienne. Nous allons donc prou-

P.

ver la vérité de la Religion pour premiere leçon de dioptrique.

Malebranche ne pouvoit lire sans ennui les meilleurs vers, quoiqu'on remarque dans son style les grandes qualités du poëte, l'imagination, le sentiment & l'harmonie; mais trop exclusivement appliqué à ce qui est l'objet de la raison ou plutôt du raisonnement, son imagination se bornoit à enfanter des hypothèses philosophiques, & le dégré de sentiment dont il étoit pourvu à les embrasser avec ardeur comme des vérités. Quelque harmonieuse que soit sa prose, l'harmonie poétique étoit sans charmes pour lui, soit qu'en effet la sensibilité de son oreille fût bornée à l'harmonie de la prose, soit qu'un talent naturel lui fît produire de la prose harmonieuse sans qu'il s'en apperçut, comme son imagination le servoit sans qu'il s'en doutât, ou comme un instrument rend des accords sans le sçavoir.

Denis, tyran de Syracuse, fit mourir un de ses sujets, qui avoit conspiré contre lui en songe.

Périclès eut à peine le crédit de sauver Anaxagore accusé d'Athéïsme par les Prêtres Athéniens, pour avoir prétendu que l'univers étoit gouverné par une intelligence suprême, suivant des loix générales & invariables. Les cendres de Socrate fumoient encore lorsque Aristote cité devant les mêmes juges par des ennemis Fanatiques, fut contraint de se dérober par la fuite à la persécution. Ne souffrons pas, dit-il, qu'on fasse une seconde injure à la philosophie.

FIN.

Fautes à corriger.

Pag. vj. lig. 6 de l'Avertissement, entreprise, *lis.* entreprise.
Pag. vij. lig. 8. dnns, *lis.* dans.
Pag. 46 lig. 11, étoient, *lis.* étoit.
Ibid. lig. 18 eu, *lis.* eue.
Pag. 48 lig. 5 prodigué, *lis.* prodigués.
Pag. 84 lig. 18 vettu, *lis.* vertu.
Pag. 92 lig. 4 ptincipes, *lis.* principes.
Pag. 98 lig. 6 gouvernement, *lis.* gouvernements.
Pag. 152 lig 6, indépendants, *lis.* indépendantes.
Pag. 157 lig. 14 cnltivent *lis.* cultivent.
Pag. 301. lig. 16 le *lis.* les.
Pag. 227. lig. 20. présente, *lis.* présenter.
Pag. 230. lig. 13. décroîtroient, *lis.* décroîtroit.
Pag. 273. lig. derniere, qne, *lis.* que.
Pag. 275. lig. 13. força, *lis.* forçât.
Pag. 277. lig. prem. ivres, *lis.* livres.
Pag. 288. l. 15. solidemenr, *lis.* solidement.
Pag. 320. lig. 8. ou, *lis.* on.
Pag. 330. lig. 19. vigoueux, lis. vigoureux.
Pag. 334. lig. 7. alloir, *lis.* alloit.

TABLE
DES MATIERES
CONTENUES
DANS CE VOLUME.

De la Religion, des Théologiens & des Prêtres.   Pag. 9
De Dieu & de l'Ame.   20
De la Nature.   23
De l'Homme.   25
Des Femmes.   34
De la Société.   38
Des Gouvernemens & des Empires.   39
Des Rois & des Grands.   43
De l'Amour-propre.   53
Du Génie.   57
De l'Esprit.   59
De la Philosophie & des Philosophes   67

TABLE

De la Morale.	77
De la Morale de l'Homme.	82
De la Morale du Législateur.	89
De la Morale des Etats.	99
De la Morale du Citoyen.	101
De la Morale du Philosophe.	104
Réfléxions Philosophiques.	108
De la Renommée.	113
De l'Avarice.	114
De l'Ingratitude.	ibid.
De l'Amour.	115
De l'Ambition.	117
Du Siécle.	118
Remarques politiques & morales.	ibid.
De l'Amitié.	ibid.
Du Désintéressement.	119
De la Simplicité.	ibid.
De la Naïveté.	ibid.
Des Siécles d'Ignorance.	120
De la Réputation & de la Considération.	ibid.
De l'Envie.	121

DES MATIERES.

De la Fortune.	122
Des Bienfaiteurs.	123
De la Cour.	124
Du Public.	126
Du Plaisir.	128
Des Sciences.	129
De l'Astronomie.	136
De la Géométrie.	137
De l'Astrologie.	145
De la Métaphysique.	ibid.
Des Arts.	152
De la Musique.	157
Des Langues mortes & vivantes.	164
De l'Education.	175
De l'Art de traduire.	177
De la Logique.	183
De la Critique.	185
De la Politique.	187
De la Médecine.	188
De la Jurisprudence.	191
Des Poëtes & de la Poésie.	193
Du Goût.	202

De l'Eloquence. 208
De l'Histoire. 221
Des Lettres & des Gens de Lettres.
231
Des Académies. 260

DES SPECTACLES EN GÉNÉRAL.

De la Comédie & de la Tragédie en particulier. 261
De l'Opéra. 264
De la Tragédie. 266
De la Comédie. 268
Jugement qu'on peut porter de quelques Ecrivains anciens & modernes.
269

DES ECRIVAINS ANCIENS.

Tacite. ibid.
Horace. 270
Lucrece. ibid.
Archimede 271

DES ANCIENS ET DES MODERNES.

Des Auteurs modernes. 273

DES MATIERES 345

De Descartes.	ibid.
Locke.	276
François Bacon.	277
Le Moine Bacon.	278
Malebranche.	279
Paschal.	ibid.
Ecrivains de Port-Royal.	280
Fontenelle.	ibid.
L'Abbé Terrasson.	282
Montesquieu.	284
Buffon.	287
Le Pere Hardouin.	288
Corneille.	289
Racine.	ibid.
Moliere	291
La Fontaine.	ibid.
Bossuet.	ibid.
Mad. de Sévigné.	ibid.
Ménage.	292
Ronsard.	ibid.
Malherbe.	ibid.
Balzac.	293

Quinault. ibid.
Calvin. 295
La Mothe. ibid.
Despréaux. 296

PORTRAITS DIVERS.

D'un Philosophe. ibid.
De Clément IX. 297
De Jacques II. 298
De Christine. 299
Portrait des François & réfléxions sur leur caractére. 300
De Gustave Adolphe. 301
Refléxions sur les François. 305
Pensées diverses. 308
Anecdotes. 316

Fin de la Table des Matieres.

APPROBATION.

J'AI lu par ordre de Monseigneur le Chancelier un Manuscrit intitulé : *Esprit des Philosophes & Ecrivains célebres de ce Siecle*; & je n'y ai rien trouvé qui puisse en empêcher l'Impression. A Paris ce 20 Septembre 1771. CREBILLON.

PRIVILEGE DU ROI.

LOUIS, par la grace de Dieu, Roi de France & de Navarre : A nos amés & féaux Conseillers, les Gens tenant nos Cours de Parlement, Maîtres des Requêtes ordinaires de notre Hôtel, Grand Conseil, Prévôt de Paris, Baillifs, Sénéchaux, leurs Lieutenans civils, & autres nos Justiciers, qu'il appartiendra, Salut. Notre amé le Sr.*** Nous a fait exposer qu'il desireroit faire imprimer & donner au Public un Ouvrage qui a pour titre : *Esprit des Philosophes & Ecrivains célebres de ce siecle*, de sa composition : S'il Nous plaisoit lui accorder nos Lettres de Permission pour ce nécessaires. A ces causes, voulant favorablement traiter l'Exposant ; Nous lui avons permis, & permettons par ces Présentes, de faire imprimer ledit Ouvrage autant de fois que bon lui semblera, & de le faire vendre & débiter par tout notre Royaume, pendant le tems de trois années consécutives, à compter du jour de la date des Présentes. Faisons défenses à tous Imprimeurs, Libraires, & autres personnes de quelque qualité, & condition qu'elles soient, d'en introduire d'impression étrangere dans aucun lieu de notre obéissance : à la charge que ces Présentes seront enregistrées tout au long sur le Registre de la Communauté des

Imprimeurs & Libraires de Paris, dans trois mois de la date d'icelles; que l'impression dudit Ouvrage sera faite dans notre Royaume & non ailleurs, en bon papier & beaux caractères; que l'Impétrant se conformera en tout aux Réglemens de la Librairie, & notamment à celui du dix Avril mil sept cent vingt-cinq, à peine de déchéance de la présente Permission; qu'avant de l'exposer en vente, le manuscrit qui aura servi de copie à l'impression dudit Ouvrage, sera remis dans le même état où l'approbation y aura été donnée, ès mains de notre très-cher & féal Chevalier, Chancelier Garde des Sceaux de France, le Sieur de Maupeou; qu'il en sera ensuite remis deux Exemplaires dans notre Bibliothéque publique, un dans celle de notre Château du Louvre, & un dans celle dudit sieur de Maupeou; le tout à peine de nullité des Présentes; du contenu desquelles vous mandons & enjoignons de faire jouir ledit Exposant & ses ayant causes, pleinement & paisiblement, sans souffrir qu'il leur soit fait aucun trouble ou empêchement. Voulons qu'à la copie des Présentes, qui sera imprimée tout au long au commencement ou à la fin dudit Ouvrage, foi soit ajoutée comme à l'Original. Commandons au premier notre Huissier ou Sergent, sur ce requis, de faire pour l'exécution d'icelles, tous Actes requis & nécessaires, sans demander autre permission, & nonobstant Clameur de Haro, Charte Normande, & Lettres à ce contraires; car tel est notre plaisir. Donné à Paris, le vingt-neuvieme jour du mois de Janvier l'an mil sept cent soixante-douze, & de notre Regne le cinquante-septieme. Par le Roi en son Conseil. Signé, LEBEGUE.

Regiſtré ſur le Regiſtre XVIII de la Chambre Royale & Syndicale des Libraires & Imprimeurs de Paris, N°. 1790, fol. 602, conformément au Réglement de 1723. A Paris, ce 4 Février 1772, J. HERISSANT, Syndic.

www.ingramcontent.com/pod-product-compliance
Lightning Source LLC
Chambersburg PA
CBHW072009150426
43194CB00008B/1046